카무카무 우에 2 :

오직 한 곳만 바라보라

카무카무 우에 2

오직 한 곳만 바라보라

펴낸날 ‖ 2024년 3월 31일 초판 발행

지은이 ‖ 은희곤

펴낸이 ‖ 유영일

펴낸곳 ‖ 올리브나무 출판등록 제2002-000042호
 경기도 고양시 일산동구 정발산로 82번길 10, 705-101
 전화 070-8274-1226, 010-7755-2261
 팩스 031-629-6983 E메일 yoyoyi91@naver.com

979-11-91860-34-4 03230

값 16,000원

카무카무 우에

2

[오직 한 곳만 바라보라]

 은희곤 에세이

올리브
올나무

포용과 사랑과 영성의 번짐을 위한 촉매

김학중 감독
꿈의교회, 경기연회 15대 감독, 제31대 CBS 재단이사장

앞의 몇 편만 읽어보자는 생각으로 원고를 폈습니다. 그런데 재미있었는지, 어느 순간 모든 원고를 다 읽은 제 모습을 뒤늦게야 발견했습니다. 다 읽고 나서 드는 생각은 하나였습니다. "역시 은희곤 감독님답다."

저는 은희곤 감독님을 생각할 때마다 '바다'가 떠오릅니다. 우선 바다는 무엇이 들어오든지, 모두 다 받아줍니다. 작은 물고기부터 큰 고래까지, 크고 넓은 품으로 다 포용합니다. 그렇다고 바다는 그냥 포용만 하지 않습니다. 큰 물결을 통해서, 자기가 품고 있는 것을 가야 할 곳으로 이끕니다. 그뿐 아니라 바다는 무엇이 들어오든지, 시간이 얼마나 걸리든 간에, 분해하고 정화해서 생명 활동에 필요한 것으로 만듭니다.

은희곤 감독님도 그렇습니다. 은 감독님은 먼저 품이 넓으신 분입니다. 그래서 누구를 만나든지, 한 사람 한 사람의 생각을 인정하고 포용합니다. 그렇지만 은 감독님이 그냥 포용만 하는 분은 아닙니다.

포용 속에서도 바른길을 깊이 고민하는 분이고, 바른길로 함께 가기 위해 끊임없이 시도하며 실천하는 분입니다. 그중에서도 은 감독님의 가장 큰 장점이자 매력이라면, 상처 많은 영혼을 위해 기도하고 손을 내밀어서 결국 변화시킨다는 것입니다.

이처럼 은 감독님은 참 매력적인 분입니다. 그래서일까요? 이 책을 읽어 가는데, 그 모습을 상상하다 보니 그 자리에서 다 읽었습니다. 이제 저만 느꼈던 그 매력을 모두에게 나눌 수 있게 되어서 기쁘게 생각합니다. 누구라도 이 책 안에 담긴 여러 글을 보시면, 은 감독님의 넓은 마음이 느껴질 것이고, 은 감독님의 사랑이 느껴질 것이고, 은 감독님의 깊은 영성이 느껴지리라 믿어 의심치 않습니다. 바라기는 이 책을 통해서 우리 안에 포용과 사랑과 영성이 더욱더 퍼지기를 기원하며, 이 책을 기쁜 마음으로 추천합니다.

삶의 중심을 다시 찾게 해주는 길라잡이

홍순계

사단법인 한반도평화포럼 이사

제가 은희곤 감독님을 만난 건 최근의 일입니다. 코로나가 극성을 부려 사람 만나기를 꺼릴 때 처음 만났습니다. 새로운 친구를 적극 사귀는 연령대를 훨씬 지나서이죠. 그것도 친구나 선후배의 소개가 아니라, 그분의 아들을 통해서 만난 것도 특이합니다. 처음 만났을 때 인상은 참으로 신실하고 반듯한 품성을 지닌 분이었습니다. 식사할 때 짧은 기도 외엔 평생을 목회 활동으로 살아오신 분의 종교색 같은 건 풍기지 않았고, 넉넉하고 푸근한 옛친구 같았지요. 몇 번 만남을 더할수록 삶의 기준점 같은 모범을 갖추고 있음을 알게 되었고, 솜에 물이 스며들 듯이 조용하면서도 선한 영향력을 지닌 분임을 깨달았습니다. 미국에서 오랫동안 목회 활동을 한 후 은퇴하여 두 가지 활동을 하고 싶다고 후반기 인생 계획을 세우고 고국에 돌아왔습니다. 그 후반기 계획에 대해서 들었을 때 무척 설레었지요.

첫째는 기독교평화운동(사단법인 평화드림포럼). 평화는 먹고사는 문제보다 우선인 죽느냐 사느냐의 문제입니다. 둘째는 우리 사회의 가장 낮은 곳에 있는 미등록이주아동 지원활동(사단법인 미등록아동 지원센터), 특히 외국인 미등록이주아동은 법의 보호 밖에서 '있지만 없는 아이들'입니다.

저 역시 사단법인 한반도평화포럼을 비롯한 사회단체에서 평화운동을 하고 있기에 바로 의기투합하였습니다. 또한 대학시절에 야학교사로서의 경험을 되새기며 미등록이주아동지원 활동에도 기꺼이 함께하고 싶었습니다. 그래서 올해 여름 대학생 및 스태프 33명과 함께하는 평화드림 5만 리 여정(유럽 5개국 10개 도시 평화대행진)에 동참하면서 깊이 성찰하였습니다. 무엇이 이분을 이런 활동으로 이끄는 걸까? 많은 돈과 시간을 들이면서까지 하는 그 열정과 에너지의 원천은 무엇일까?

그래서 그분의 신앙에세이집 『카무카무 우에 1』을 읽었습니다. 해외에서 벅찬 하루 일정을 마치고 호텔 방에서 피곤함도 모른 채 단숨에 읽어 내려갔습니다. 책을 읽은 느낌은 역시 그분에 대한 첫인상처럼 신실하고 반듯한 삶의 교훈을 되새김하는 것이었습니다. 지금껏 많은 책을 읽었지만, 삶의 지혜와 교훈으로 인생의 기본이 되는 책이라는 느낌을 주는 책은 정말 오랜만에 읽게 된 것 같습니다.

최근엔 추천사를 써보라는 부탁과 함께 『카무카무 우에 2』의 원고를 보내왔습니다. 단숨에 읽고 깊이 감명했지만, 추천사를 쓰기엔 망설여졌습니다. 왜냐하면 저는 기독교인이 아니기 때문입니다. 저는 어떤 종교에 대해서든 신앙심도 없고 편견도 없는 비신앙인입니다. 어린 시절 시골 마을 교회에 가보았지만, 그저 호기심일 뿐 깊은 관심을 가지지 않았고, 기독교대학을 다녔지만, 지식으로서 기독교를 공부하고 역사적 존재로서의 인간 예수의 사회활동에만 관심을 가졌을 뿐입니다. 신앙인이 된다는 건 어떤 계기에 영적인 결단이 필요할 텐데 저에게 아직 그런 기회는 오지 않았습니다.

『카무카무 우에』 제1권과 제2권은 모두 신앙에세이입니다. 구체적인 일상의 삶의 얘기를 풀어 가면서, 결론은 하나님께로 나아가고 하나님께 도달합니다. 저 역시 '무엇을 할 것인가'보다 '어떻게 살 것인가'에 더 관심을 가지면서 살아왔기에 이 책이 주는 감동이 더 컸습니다. 현실적인 삶에서 치열하게 살다 보면 원칙과 정도에서 벗어나고픈 유혹도 생기기 마련입니다. 이 책을 읽으면서 다시 원심력에서 구심력으로의 복원력을 갖게 되는 내공이 생깁니다. 바른 생활을 실천하는 도덕 경전이며 명심보감이기 때문입니다. 도덕 경전이라 하여 딱딱하거나 재미없는 게 아니라 읽는 재미가 솔솔 하여 책장이 쭉쭉 넘어갑니다.

한참 읽다 보면 비기독교인임에도 '하나님'이 전혀 낯설지 않고 친숙하게 진리, 진실, 절대자로 다가옵니다. 결론은 성경 구절로 마무리되기에 성경을 읽고 싶게 만드는 묘한 매력도 있습니다. 이분은 왜 저에게 추천사를 부탁했을까? 책을 정독하고 깊이 공감하여 '예수 믿음'으로 이끌기 위함일까 하는 생각도 들었습니다. 평소에 전도적인 말씀보다는 늘 반듯하고 모범적인 삶을 보여주시는 분이기에 그런 것 같습니다. 어쨌든 이 책과 저자를 통해 '참 기독인은 어떤 사람인가, 어떤 사람이어야 하는가'는 알게 되었습니다. 그래서 망설이다가 부족한 제가 비신앙인이지만 이렇게 추천사를 쓰게 되었습니다. 나이 들어서 좋은 친구를 만난 기쁨으로 자랑스럽게 추천합니다. 기독교인 이든 아니든 간에 종교적 신앙에 관계없이 일독을 권합니다. 동서고금 을 막론하고 꼭 읽어야 할 기독교판 명심보감입니다.

돈키호테 은희곤

유경동 박사
감리교신학대학교 총장

『카무카무 우에』 제2집 출판을 축하드립니다. 은희곤 감독님의 『카무카무 우에 2』는 내가 생각하는 '이 길'도 아니고, 그렇다고 다른 사람들이 제시하는 '저 길'도 아닌, 하나님이 이끄시는 '제3의 길'이 있음을 알리는 이정표와 같은 역할을 합니다. 잘 모르는 낯선 길에 들어선다는 것은 무모하지만, 그 길은 주님이 앞장서시는 길이기에 '믿음'으로 가는 길이기도 합니다.

미국의 신학자 라인홀드 니부어(Reinhold Niebuhr)는 그러한 믿음의 길을 "불가능의 가능성"(impossible possibility)이란 단어로 설명한 적이 있습니다. 인간적으로는 '불가능'하지만 신적으로는 '가능한 신앙의 길'이기도 합니다. 은희곤 감독님을 비유하자면 돈키호테 같은 분이기도 합니다. 은 감독님의 광화문 사무실에는 미국 뉴욕에서 목회하실 때 수상한 "마틴 루터 킹 인권 공로패"와 돈키호테와 산초 인형이 가지런히 놓여 있습니다.

미국 한인 목회 중에도 6.25를 기념하여 매년 한국전쟁 참전 용사와 가족들을 초청하여 한반도 평화 음악회와 코리안 문화행사를 개최하고, 사회적 약자들을 평상시에 돌보고 대변하는 일 등, 인권 문화와 평화운동에 애쓴 삶의 족적이 보입니다. 『카무카무 우에 2』에서 은희곤 감독님은 마치 돈키호테와 같아 보입니다. 돈키호테를 기반으로 한 뮤지컬 「맨 오브 라만차」에 나오는 가사에서 이분의 모습이 비칩니다.

불가능한 꿈을 꾸는 것.
무적의 적수를 이기며,
견딜 수 없는 고통을 견디고,
고귀한 이상을 위해 죽는 것.
잘못을 고칠 줄 알며,
순수함과 선의로 사랑하는 것.
불가능한 꿈속에서 사랑에 빠지고,
믿음을 갖고, 별에 닿는 것.

『카무카무 우에 2』에서는 자칫 타인에게 끌려다니는 우유부단으로 갈팡질팡하는 이 시대에 돈키호테와 같은 은희곤 감독님의 성정이 잘 드러납니다. 고귀한 이상을 위하여 꿈을 꾸는 분으로서 때론 불가능해 보이지만 그 꿈을 사랑하며 별에 닿기 위하여 늘 애쓰는 모습을 바라봅니다.

미국에서의 목회를 정리(은퇴)하고 한국에서 3년 전 한반도의 평화를 위해 '평화드림포럼'(Peace Dream Forum)을 창립하면서 '6.25'를

'평화의 날'로 제정하자고 주창하며 한반도와 세계평화를 위한 '평화일꾼'(Peace Ambassador) 발굴 육성에 앞장서고, 작년에는 '강도 만난 이웃이 누구인가?'를 고민하며, '있지만 없는 아이들'인 미등록이주아동들을 위해 사회 전반에 걸쳐 마음을 같이 하는 분들과 함께 '미등록아동지원센터'(Center for Undoumented Immigrant Children)를 만들어 이들을 구체적으로 돕고 계십니다. 이제 은퇴 이후 은 감독님의 세 번째 스테이지는 '평화운동'과 '인권운동'입니다. 은 감독님의 삶에서 이분이 무엇을 사랑하고 희망하고 기대하고 믿는지 헤아려 볼수 있습니다.

『카무카무 우에 2』출판을 다시 한번 축하드립니다. 홍수가 난 후 탁류 속에서 맑은 물을 향하여 상류로 헤엄쳐 가는 물고기의 여정처럼 이 책에서 우리가 나아가야 할 지혜를 배우기를 원합니다. 그리고 그 끝자리에 생수의 근원이 되시는 주님을 은 감독님과 함께 만나며 행복한 세상을 같이 꿈꾸며 만들어 나가는 독자 여러분들이 되시기를 기도합니다.

변화하는 환경 속에서
변하지 않는 가치관 보여주는 책

노영상 박사

전 호남신학대학교 총장, 한국기독교학회 회장

평화드림포럼 대표인 은희곤 감독님의 『카무카무 우에 2』의 발간을 축하드립니다. 은 감독님은 평균 한 달에 한 번 정도 뵙는 분으로 함께할 때마다 서로 간 위로가 되곤 합니다. 은 감독님은 미주 연회에서 목회를 하시며 마틴 루터 킹 인권상도 타시는 등, 지역사회 주민들의 환경에 많은 관심을 가져오신 분이십니다. 최근에는 미등록아동지원센터의 대표로서 이주민들의 자녀들(미등록이주아동)이 날개를 펼 수 있도록 환경 개선에 앞장서고 계시는 등, 그들의 삶의 질 향상을 위해 노력하고 계십니다.

은 감독님은 어떻게 보면 감리교 목회자로서 사회참여에 상당한 관심을 가지신 분으로 서로 말하다 보면 기장 측 목사님이 아닌가 하는 느낌을 받을 때도 있습니다. 우리나라 기독교의 각 교단들을 보면 보수적 영성을 강조하시는 목회자들도 계시고, 사회문제에 민감하신 목회자들도 계시고, 선교와 전도의 사역을 강조하는 목회자들도 계신데, 이러한 다양한 스펙트럼을 가지고 계신 목회자들이 각 교단 내에 계셔서 한국교회가 더 단단해지는 것이 아닌가 하는 생각이 듭니다.

이번 발간하신 책은 칼럼 형식의 여러 글들을 모아 놓은 것입니다. 미국에서 목회하시는 동안에 이민 생활에서 지치고 힘을 잃은 분들을 위로하기 위해 쓰신 글들이 많습니다. 사람들에게 힘이 들 때 하나님을 바라보라는 말은 당연한 말인 것 같지만, 그러한 신앙의 기초적 방향을 다시 세우는 것이 우리의 삶에 중요한 일이라 생각합니다. 언제나 중요한 것은 특별 난 방안이 아니며, 신앙의 기본 되는 방향임을 은 감독님의 글들을 통해 다시 느끼게 됩니다.

이 책의 처음부터 마지막 장까지 읽어가노라니 신앙의 기본자세를 확립하고 이를 삶 속에서 구현하기 위해서는 누구든지 참기 힘든 상황을 이겨나가는 자기만의 루틴이 있으면 좋겠다는 생각이 들었습니다. 결국 자기 자신만의 라이프스타일을 만들어 나가는 것이지요. 하지만 이러한 신앙과 삶의 습관은 하루아침에 생기는 것이 아닌 것으로, 여러 환경 속에서 나름대로 굳어진 것이라 볼 수 있습니다. 그러한 좋은 습관들은 기도와 훈련이 있는 삶을 통해 형성되는 것으로, 우리는 이런 좋은 습관들을 만들어 나가는 데에 관심을 가져야 할 것입니다.

은 감독님은 신앙인으로서 가져야 할 삶의 스타일에 대해 언급하고 계십니다. 다시 말하면 기독교인으로서 가져야 할 덕목들을 이야기하는데, 이러한 덕스러운 삶의 형성은 지나간 그의 삶의 궤적과도 연관이 됩니다. 매번의 변화하는 환경 속에서 신앙을 부여잡고 애쓴 그의 모습들이 이 책을 가득 채우고 있습니다. 우리는 이 책을 통해 그의 신앙과 인품을 배울 수 있을 것입니다. 다시 한번 좋은 책을 출판하신 것에 대해 축하를 드립니다.

나 아닌 그분이 주어인 삶을 향해

은희곤 목사

기독교대한감리회 33회 감독(미주자치연회), 사단법인 평화드림포럼 &
미등록아동지원센터 대표, 코오롱인더스트리 사외이사,
서울가정법원 조정위원, 감리교신학대학교 겸임교수

D. L. 무디 목사님은 출애굽기의 모세에 대해서 이런 말을 하였습니다. "모세는 처음 40년 동안에 자신이 대단한 인물(something)이라고 생각하며 살았다. 그리고 그다음 40년 동안에는 자신이 아무것도 아니라는 것(nothing)을 알게 되었다. 그리고 마지막 40년 동안에는 아무것도 아닌 자(nothing)를 하나님이 들어 쓰시면 권능자(everything)가 될 수 있음을 아는 삶을 살았다."

구약성경의 모세가 이런 과정들을 거쳤다면 신약성경의 위대한 사도인 바울도 대략 이러한 단계를 거쳤습니다. 세상에서 가장 큰 자인 사울(something)에서 아무것도 아닌 자인 세상에서 가장 작은 자인 바울(nothing)을 지나 하나님이 들어 사용하시는 이방인들의 사도(everything)가 되었습니다. I'm something, I'm nothing을 거쳐

I'm everything 스테이지로 나어간 모세나 바울. 우리 모두도 이와 비슷한 부르심(Calling)을 경험합니다. 세상에서 한껏 기고만장한 나(something)를 여러 시련의 과정과 단계의 터널들을 거치게 하여 비로소 뻣뻣했던 목이 풀리고 무릎이 꿇어져 스스로를 성찰해 보게 하시고(nothing), 이어 모세와 바울의 고백(everything)을 하게 하십니다.

"우리가 이 보배를 질그릇에 가졌으니 이는 능력이 심히 큰 것이 하나님께 있고 우리에게 있지 아니함을 알게 하려 함이라"(고후 4:7). 그리고 우리가 천지를 창조하신 우리 주 여호와 하나님과 모든 피조물들의 생명이신 그리스도 예수와 시공을 초월하여 영으로 우리들과 함께 하시는 성령을 고백할 때, "그러나 하나님께서 세상의 미련한 것들을 택하사 지혜 있는 자들을 부끄럽게 하려 하시고 세상의 약한 것들을 택하사 강한 것들을 부끄럽게 하려 하시며 하나님께서 세상의 천한 것들과 멸시받는 것들과 없는 것들을 택하사 있는 것들을 폐하려 하시나니"(고전 1:27-28)의 사건들을 연이어 중단없이 체험케 하셔서 간증(This is my story)을 살게 하십니다.

부족한 필자도 예외가 아니었습니다. 한국에서 1982년에 농촌교회 담임 목회를 시작하게 하시고, 1985년에 목사안수를 거쳐 뭔가 대단한 사람이 된 듯 기고만장 20년의 세월을 살았습니다(I'm something). 이어 2002년 미국으로 이민을 가게 하셔서 아무런 기득권이 전혀 없는 이민사회에서 철저히 바닥에서 시작하여 다시 20년을 담임목사로서 교회와 감독으로서 연회를 섬기게 하셨습니다(I'm nothing). 그때부터 내 인생의 주어는 내가 아니라 그분이심을 깨닫고 고백케 하셨습니다. 이제 2023년에 자원 은퇴하고 고국으로 영구 귀국하여 지금도 아직 I'm nothing의 단계이지만, 바울의 고백처럼 I'm everything을 하면서 다시 20년을 보내려고 합니다.

나의 마지막 스테이지도 역시 내가 주어가 아니라, 철저히 그리고 분명히 그분이 '주어'이심을 살고 싶습니다. 이제 고국에서 마지막 스테이지를 살려고 주님과 성령님의 도우심과 인도하심을 간절히 구하면서 정말 오랜 시간을 묵상하며 보냈습니다. 그 결과 성령께서 두 가지 주제의 마음을 주셨습니다. 하나는 '평화운동'(Peace Movement)이고, 다른 하나는 '인권운동'(Human Right Movement)이었습니다.

전자인 평화운동은 하나님 나라의 온전한 평화(TEXT)를 지향하며 한반도와 세계평화를 위한 스테이지(Context)입니다. 이를 위해 여러 지인의 기도와 참여로 통일부 산하 사단법인 평화드림포럼(Peace Dream Forum. www.peacedream.org, 약자 PDF, 미국 현지법인 Peace Dream Forum INC)을 만들어 하나님 나라의 평화 구축을 위해 고민하고 씨름하고 있게 하셨습니다. 역사적으로 6.25 한국전쟁을 잊지 말고 기억하되, 이것이 한반도 차세대들의 미래를 향한 발목을 잡아서는 안 된다는 취지로 "6.25를 평화의 날로" 선포하며 출발했습니다. 많은 비난과 오해들도 있었지만, 취지를 하나하나 설명했을 때 거의 많은 분이 공감의 응원을 보내 주었습니다. 이 경험으로 한반도 평화를 위한 보수와 진보 진영의 극단적 양극화 안에서도 충분한 공감의 영역을 시작하고 넓혀갈 수 있다고 확신하게 되었습니다.

젊은 세대들을 대상으로 한 한반도 주변 5개국(한국, 미국, 일본,

중국, 러시아) 언어로 된 평화통일교육교재 발간과 매해 개최하는 평화드림포럼 개최 등등을 통한 한반도 평화와 통일을 위한 인식 전환 및 개선 사업, 한반도와 세계평화를 위한 평화일꾼들(Peace Aambassadors) 발굴 및 육성, 통일 전후 시대를 맞아 미리 온 미래들인 탈북민(북한이탈주민)들 가운데 리더십 개발, 현지 직·간접 사역 등등을 계획하여 시행하고 있습니다. 또한 국내뿐만 아니라 국제적인 네트워크도 활발히 구축하고 있습니다.

다른 하나인 인권운동은 하나님께서 당신의 형상대로 창조하신 피조물인 인간(Man)의 온전한 존엄성과 평등성(TEXT)을 지향하는 하나님 창조질서의 치유와 회복을 위한 스테이지(Context)입니다. 이를 위해 여러 지인의 기도와 참여로 서울특별시(여성가족부 위탁) 산하 사단법인 미등록아동지원센터(Center For Undocumented Im -migration Children. www.centerforuic.com, www.미등록아동지 원센터.com, 약자 Center for U.I.C.)를 만들었습니다.

현재 한국사회에서 가장 소외받는 사회적 약자들이 누구인가를 찾아본 결과, '미등록이주아동'(불법체류자들의 자녀)들이었습니다. 이들은 한국 땅도, 부모도 그 어떤 것도 스스로 선택한 적이 없습니다. 단지 한국에 사는 불법체류 부모 아래서 이 땅에 태어났고, 지금까지 미등록이주아동으로 살고 있습니다. 2023년 11월 집계에 따르면 국내 거주 외국인 주민 수는 226만 명, 총인구 대비 4.4%이며, 이 가운데 2023년 5월 법무부 출입국외국인정책본부의 4월 출입국 통계 월보에 따르면, 불법체류자는 41만7천852명인 것으로 집계되었고, 계속 증가 추세에 있습니다. 그러나 현장 사역자(Field Worker)들은 현재 외국인

노동자들은 300만 명, 이 가운데 불법체류자는 5~60만 명으로 추산하고 있습니다.

미등록이주아동의 경우 정부는 4~5천 명으로 집계하고 있지만, 현장 사역자들은 최소 2~3만 명으로 추정하고 있습니다. 그러나 문제는 미등록이기에 그 어떤 자료도 근거도 없습니다. 다만 모두 다 추정치일 따름입니다. 이들은 태어날 때부터 의료권의 사각지대를 거쳐 자라면서 불안정한 교육환경 아래 무지막지한 소외와 차별을 몸으로 견디며 커갑니다. 또한 18세가 지나 사회에 나와도 이들 스스로가 할 수 있는 일은 아무것도 없습니다. 이들이 아무리 성품이 좋고 성실히 노력하고 의지가 강해도 대학 진학도, 사회 취업도, 좀 더 나은 꿈을 위한 자격증 취득 등등도 이들은 전혀 할 수 없습니다. 이유는 단 한 가지. 미등록(주민등록번호가 없음)이기 때문이다.

이들이 한국사회에 서 살 수 있도록 길을 열어주지 않는다면 결국은 점점 잠재적 사회 불안 요소가 될 확률이 커집니다. 다시 강조하지만, 이들은 이들의 의지와 노력으로는 할 수 있는 게 전혀 없습니다. 누군가의 도움이 절대적으로 필요한 강도 만난 이웃들입니다. 인간 존엄성, 평등성을 바탕으로 이들의 의료권, 교육권, 생존권 회복을 위해 누군가는 일해야 합니다. 대한민국도 이제 이주민 사회로 들어갔고, 최대 위기인 초저출산 문제로 인한 인구 절벽 시대를 살아간다면, 미국이나 유럽 등지에서는 미등록이주아동들을 어떻게 사회의 구성원이 되게 했으며, 이주민들을 통한 저출산의 극복을 눈여겨봐야 할 적절한 때입니다.

미등록이주아동들을 방과 후 보살피고 돌보며 한국사회에 적응하는 일에는 정부, 지자체, 시민사회단체, 종교단체 특히 교회 등등이 참 많은 도움이 되고 있습니다. 그러나 이들의 근본적인 문제를 해결해야 합니다. 미등록이주아동들을 (식별번호라도) 등록 아동으로 체류 신분을 바꾸는 문제입니다. 이는 법률이 제정되어야 합니다. 그러기에 미등록아동지원센터는 여기에 초점을 맞추어서 집중하려고 합니다. 이를 위해 정계, 법조계, 언론계, 학계, 종교계 등 관심 있는 분들이 모였습니다. 특히 법률을 만드는 일, 여론을 환기하는 일, 법률개정을 통과시키는 일 등등을 위해 정말 한몫 감당하시며 함께 협력하실 분들이 모였습니다.

필자는 2009년도에 미국 뉴욕에서 마틴 루터 킹 인권상을 받았습니다. 연이어 한국에서 미등록이주아동들의 인권 운동을 미등록아동지원센터라는 스테이지로 이를 이어갑니다. 하나님은 이렇게 사단법인 평화드림포럼과 사단법인 미등록아동지원센터를 통해 '하나님의 평화운동과 인권운동'의 스테이지를 시작하도록 이끌어 주셨습니다. 그리고 그동안 2년 넘게 이들을 준비하고 수행하면서 가슴에 담긴 이야기들을 적어 나갔고, 이 시점에 이를 모아 『카무카무 우에 2』를 발간하게 되었습니다. '카무카무 우에'라는 말은 우간다 말로서 '하나 하나가 모여 다발을 이룬다.'라는 말입니다. 한 사람과 한 사람이 만나 부부가 되고, 이어 자녀들이 생겨 가족을 이루고, 이 가족들이 모여 사회가 되고, 다시 사회와 사회가 만나 나라가 되고, 나라들이 모여 세계가 되기에 우리는 한 사람부터 출발하여 '세계가 모두 다 카무카무 우에'입니다.

이런 마음을 갖고 신앙에세이를 쓰고 모아 2019년 『카무카무 우에 1』을 출간했습니다. 지인들이나 일반 서점에서 반응이 좋았습니다. 이제 이에 힘입어 이렇게 2024년 초반에 『카무카무 우에 2』를 발간합니다. 많은 이들에게 공동체를 향한 꿈과 기대와 희망, 응원과 위로와 격려가 되는 작은 빵 한 조각이 되기를 바랍니다. 추천의 말로 변변치 못한 필자를 응원해주신 김학중 감독님(꿈의교회 담임목사, 15대 경기연회 감독, 31대 CBS 이사장), 유경동 총장님(감리교 신학대학교), 노영상 박사님(전, 호남신학교총장, 한국기독교학회 회장 역임), 독자의 입장에서 참여해주신 홍순계 선생님(사단법인 한반도평화포럼 이사) 그리고 『카무카무 우에 1』에 이어 『카무카무 우에 2』가 세상에 나오도록 역시나 많은 수고를 해 준 올리브나무 이순임 대표님에게 진심으로 감사를 전합니다.

한국에 정착하여 세 번째 스테이지를 시작할 수 있었던 것은 전적인 하나님 은혜요, 또한 분명 우리 큰아들 은현빈(기업가)의 현실적인 지원, 그리고 작은 아들 은한빈(미연합감리교회 목사)과 아내 우경희 사모의 적극적인 기도와 분에 넘친 격려 덕입니다. 그러기에 지면을 빌어 마음의 깊은 감사를 넉넉히 전하고 싶습니다. 필자가 고국 땅에서 지내면서 마음 여정 위에 세워나간 '스테이지 3'을 함께 나누면서 길었던 『카무카무 우에 2』의 발간사를 마무리합니다.

많은 기도와 응원을 요청하고 기대합니다. 하나님께서 이끌어가시는 저의 '스테이지 3'에 독자 여러분들도 함께 공감하고 참여해 주시면 더욱더 감사하겠습니다. '모든 영광을 하나님께! 카보드! 하나님이 하셨습니다.'라고 외치며 끊김이 없는 간증(This is my story)으로 남은 삶을 살고 싶습니다. 성령께서 도와주시리라 믿습니다. 저와 독자들 그리고 우리들의 가장 소중한 유산인 자녀들의 삶 안에 오늘도 살아계신 하나님의 은총이 가득하시기를, 가면 갈수록 잘되고 좋아지고 나아지는 가문들을 이루시기를 기원합니다.

2024년 3월

경복궁 뜰을 바라보며…

차림표

제3부 나눌수록 커지는 사랑

제1부
예수 미니멀리스트

'내가 무엇을 원하는지 명확하게 알고
가장 소중한 것에 집중'하는 사람들을
'미니멀리스트'라고 한다.
우리는 예수 따라 이리저리 몰려다니는 '무리, 팬'이 아니라,
예수를 이 시대에 나의 삶의 자리에서 재현하는
예수의 '제자'(The Beloved Disciple)된 삶,
가장 행복한 부르심을 남김없이, 아낌없이, 후퇴없이, 후회없이
살아야 한다. 이렇게 살려면 우리는 과연
무엇으로부터 자유로워져야 하며,
무엇을 더욱더 가장 소중히 여겨야 할까?

오직 한 곳만 바라보라

"다윗이 블레셋 사람에게 이르되 너는 칼과 창과 단창으로 내게 나아오거니와 나는 만군의 여호와의 이름 곧 네가 모욕하는 이스라엘 군대의 하나님의 이름으로 네게 나아가노라." (사무엘상 17:45)

"믿음의 주요 또 온전하게 하시는 이인 예수를 바라보자 그는 그 앞에 있는 기쁨을 위하여 십자가를 참으사 부끄러움을 개의치 아니하시더니 하나님 보좌 우편에 앉으셨느니라." (히브리서 12:2)

오페라 작곡으로 유명한 베르디가 그의 첫 번째 작품을 플로렌스에서 연주할 때다. 연주가 성공리에 끝나자 모든 사람이 기립하여 박수갈채를 보냈다. 그러나 이상한 장면이 연출되었다.

의당 베르디가 관중들을 바라보며 인사도 드리고 세레머니를 해야 되지 않겠는가? 그런데 베르디는 인사도 하지 않고, 세레머니도 하지 않은 채, 그의 시선은 오직 한 곳만 바라보고 있었다.

극장 2층 중앙에 마련된 VIP석, 그곳에 앉아 있는 '로시니'만을 바라보고 있었다. 그의 관심은 사람들의 기립박수가 아니었다. 그의 관심의 초점은 오직 당시의 대 작곡가였던 '로시니'의 반응이었다.

이윽고 '로시니'도 일어나 박수를 치는 것을 보고서야 베르디는 안도의 한숨을 쉬었다. 그러고는 비로소 관중들에게 인사를 한다. 베르디에게는 수천의 관중들의 기립박수보다도 로시니가 보내는 박수가 더 중요했다.

오늘 우리도 이래야만 한다. 세상이 나에게 환호하는 것에 마음 빼앗기지 말아야 한다. 사람들이 나를 인정하고 칭찬하는 것에 신경 쓰지 말아야 한다. 그것들은 정말 중요하지 않다. 오늘 우리에게 정말 중요한 것은, 하나님께 대한 관심! 하나님 마음에 들기! 하나님께 칭찬받고 싶은 거룩한 욕심이어야 한다.

바울은 말한다. "그 칭찬이 사람에게서가 아니요, 다만 하나님에게서니라."(롬 2:29)

그러기 위해 우리는 어떤 처지와 상황과 형편 속에서도 오직 주님께만 집중하는 일을 스스로 훈련해야 한다. 경건에 이르는 훈련이다.

지금은 돌아가셨지만, 한국교회의 영적 거인이셨던 고 김준곤 목사의 유명한 말씀이 있다. '백문일답'이다. 백 가지를 물어봐도 그 대답은 오직 한 가지! '예수'뿐이라는 것이다.

'백문일답'이다.

나를 구원해 주실 이 누구? ─ 예수!

내 자녀들을 보호하고 축복으로 이끌어 주실 이 누구? — 예수!
이 나라와 민족을 지키실 이 누구? — 예수!
내 인생을 환란에서 건지실 이 누구? — 예수!
내 육신의 질병을 치료하실 이 누구? — 예수!
무엇을 물어봐도 오직 예수뿐이다… 백문일답!

이와 같은 태도가 우리의 신앙이어야 한다. 히브리서 12장 2절에서 언급하고 있듯이 '믿음의 주이며, 또 온전하게 하시는 이인 예수'를 바라보자.

어떤 경우에라도 우리는 육에 지지 말고 생존하시는 하나님, 살아계신 주님만을 뚫어지게 바라보고, 그분을 잃어버리지 않도록 집중해야 한다. 내 인생의 내일에 짙은 안개가 깔려 희미해져 잘 보이지 않을 때도 있다. 이럴 때일수록 우리에게는 살아계신 하나님이, 생존하시는 여호와 하나님만이 더욱더 선명하게 보여야 한다.

안개가 짙게 깔릴수록 하나님만이 더욱더 선명하게 보여야 한다. 어둠이 앞을 가로막아도 빛 되신 하나님만이 더욱더 선명하게 보여야 한다. 불의가 지배하는 것같이 보이는 현실일지라도, 의의 최후 승리를 이끌어 가시는 공의로우신 하나님만이 더욱더 선명하게 보여야 한다.

이렇게 하나님만이 선명하게 보이는 깨어 있는 믿음으로 내 주변의 처지와 형편이 어떠하든지, 나를 둘러싼 현실과 상황이 어떠하든지 나는 더욱더 선명하게, 분명하게 하나님만을 바라보고 나아가리라! 나는 믿음의 주요 온전케 하시는 이인 예수만을 바라보며 나아가리라!

이런 믿음을 가진 자들이라야 하나님이, 주님이, 성령이 함께하신다.

나는 어렸을 적에 성경에서 제일 신났던 장면이 다윗과 골리앗 장군의 싸움이었다. 양치기 목동 다윗이 돌팔매 하나 들고, 당시에는 당할 자가 없는 칠 척 거인 골리앗과 싸우는 장면 말이다.

21세기 유명한 신학자 중 하나인 폴 틸리히는 이 장면을 이렇게 말한다. "too big to hit, too big to miss."

사울 왕과 다윗의 형들과 이스라엘 군사들에게 골리앗 장군은 "too big to hit", 너무 크고 강해서 쓰러뜨리기 어려운 상대였지만, 소년 양치기 목동인 다윗에게 골리앗 장군은 "too big to miss", 너무 커서 돌팔매가 빗나갈 수가 없는 상대였다.

그래서 폴 틸리히는 이 장면을 "too big to hit, too big to miss."라고 표현했던 것이다.

골리앗이 약해서 졌는가? 아니다.
다윗이 강해서 이겼는가? 아니다.

하나님이 다윗과 함께하셔서 승리하신 것이다. 하나님의 승리인 것이다. 승리의 주체는 하나님이시다.

그렇다면 우리는 물어야 한다. 어떻게 다윗에게 이런 역사, 즉 하나님의 승리가 일어났던 것일까? 성경은 우리에게 분명하게 대답해 준다. "하나님만이 선명하게 보여서!"

다윗에게 보인 것은 칠 척 거인 골리앗이 아니었다. 다윗에게 보인 것은 그 칠 척 거인 뒤에 계신 하나님이셨다. 현실의 위기인 골리앗보다 그 위기를 돌파하실 하나님이 더욱더 선명하게 보였다. 그래서 다윗은 이렇게 외치며 골리앗을 향해 달려갈 수 있었다.

> "다윗이 블레셋 사람에게 이르되 너는 칼과 창과 단창으로 내게 나아 오거니와 나는 만군의 여호와의 이름 곧 네가 모욕하는 이스라엘 군대의 하나님의 이름으로 네게 나아가노라." (사무엘상 17: 45)

다윗의 외침 가운데 분명한 것은 '너는'과 '나는'이라는 단어이다.

"너는, 너는, 너는 칼과 창과 단창 즉 세상의 무기들을, 힘들로 내 앞에 서 있구나. 그러나 나는, 나는, 나는 하나님의 이름으로 네게 나아간다."

위기 속에서도 하나님만이 선명하게 보이는 다윗의 그 외침, 기죽지 않고, 당당하게, 담대하게 위기를 돌파하기 위해 나아가는 소년 목동 다윗의 외침이 가슴에 감동으로 다가온다.

우리의 인생길 앞에 골리앗이라는 위기가 종종 닥친다. 그때 우리는 외쳐야 한다.

"나는 만군의 여호와의 이름, 하나님의 이름으로 나아가리라!"

바로 그때가 하나님이 나의 믿음을 보기를 원하시는 때이다. 바로 그때가 '나의 믿음'을 하나님께 보여드려야 할 때이다. 바로 그때가 하나님만이 더욱더 선명하게 보여야 할 때이다. 바로 내가, 내가 그리할 때부터 성령께서 내 인생의 길목 길목마다 우리를 도우신다.

바로 이 말씀이 가슴에 와닿는다. "길목 길목마다 도우시는 하나님!"

세상과 사람이 약해서도 아니요, 내가 강해서도 아니라, 하나님이 함께하셔서 모든 것을 뚫고 나가 승리케 되는 것이다. 하나님의 승리이다. 승리의 역사는 하나님이 나와 함께하실 때 일어난다.

정말 교회적으로나 가정적으로나 혹은 우리의 인생으로나, 안개가 짙어 내일이, 앞이 보이지 않아 불안할 때, 그래서 우리에게 부정적인 마음과 생각이 든다면, 그래서 우리의 입에서 그런 말들이 나온다면, 이때 우리가 가야 할 길은 분명하다.

'주의 보좌 앞으로 나가야 할 때'이다.

'기도해야 할 때'이다.

'예배와 말씀을 붙들어야 할 때'이다.

그렇게 할 때, 그동안 나를 지배한 부정적인 현실, 불안과 좌절과 절망이 주는 마음과 생각들이 희미해지고, 반대로 그 너머에 계신 하나님만이, 주님만이 점점 더 선명하게 보이게 된다. 바로 이때 우리의 입에서도 다윗의 외침이 나오게 된다.

"다윗이 블레셋 사람에게 이르되 너는 칼과 창과 단창으로 내게 나아오거니와 나는 만군의 여호와의 이름 곧 네가 모욕하는 이스라엘 군대의 하나님의 이름으로 네게 나아가노라."(사무엘상 17: 45)

하나님이 이런 우리를 보시고 결심하실 것이다. 하나님의 결심이 바로 우리 인생의 결말이 되리라. 하나님의 역사가 우리 눈에 보이게 되고, 나타나게 될 것이다.

나타나는 역사! 보여지는 역사!

말이 사람보다 크다. 소가 사람보다 크다. 그래서 이들이 한번 달려들거나 들이받으면 사람이 당해낼 재간이 없다. 그러나 이상하게도 말과 소는 사람들 말을 잘 듣는다. 말을 타기도 하고, 마차를 만들어 끌게 하기도 하며, 소에게 쟁기질을 하게 하거나 사람을 도와 일을 하게 할 수 있다.

왜 그렇게 할 수 있는 것일까? 왜 사람을 들이받지 않고 이렇게 시키는 대로 다 하는 것인가? 동물학자들의 말에 의하면, 소나 말의 눈에는 사람이 자기보다 더 크게 보이기 때문이라고 한다.

내 앞에 놓여 있는 세상의 골리앗이 더 크게 보이는가? 아니면, 이 모든 것들 너머에 계시는 하나님이 더 크게 보이는가? 믿는 자들에게는 마땅히 하나님이 훨씬 더 크게 보여야 한다.

바로 그때 하나님이 결심하신다. 그리고 내 인생의 길목 길목마다 나를 도우실 것이다. 그때 내 인생의 모든 안개가 다 걷히고 다윗이 골리앗을 물리친 그 하나님의 승리의 역사가 나에게도 나타날 것이다. 하나님의 승리가 내 인생의 결말이 될 것이다. 하나님이 내 인생 안에 들어오셔서 사건, 사건마다 일으키시는 "역사"가 나타날 것이다. 이 나타나는 역사가 나의 간증이 된다. 이 역사와 간증이 내 일생에 끊임없이 이어진다.

성령이 하나 되게 하신 것을 힘써 지키라

"그러므로 주 안에서 갇힌 내가 너희를 권하노니 너희가 부르심을
받은 일에 합당하게 행하여 모든 겸손과 온유로 하고 오래 참음으로
사랑 가운데서 서로 용납하고 평안의 매는 줄로 성령이 하나 되게
하신 것을 힘써 지키라. 몸이 하나요 성령도 한 분이시니 이와
같이 너희가 부르심의 한 소망 안에서 부르심을 받았느니라 주도
한 분이시요 믿음도 하나요 세례도 하나요 하나님도 한 분이시니
곧 만유의 아버지시라 만유 위에 계시고 만유를 통일하시고 만유
가운데 계시도다." (에베소서 4:1~6)

제2차 세계대전 중 독일의 어느 작은 마을에 "마르코스 키르케"라는
교회가 있었다. 그 교회의 뜰에는 성도들이 정성으로 모아 세운 예수의
동상이 서 있었다.

그런데 전쟁이 일어나자 비행기의 폭격으로 그만 예수의 동상이
무너지고 말았다. 전쟁이 끝나고 살펴봤더니 다른 곳은 괜찮았고,

동상의 두 팔이 없어져 버렸다. 두 팔이 잘려 나간 예수의 동상을 놓고 교인들이 모여 회의를 했다. 이 동상을 두고 새로 만들 것인지, 아니면 잘려 나가 부서진 팔만 새로 붙일 것인지 등등에 관해 의견을 나눈다.

예술적 감각을 지닌 자들 — "미적 감각이 좋지 않다. 치우자."
의료인들 — "팔을 갖다 붙이자."
보통 사람들 — "뭔가 흉물스럽다. 왜? 예수가 장애인이냐?"

그러다가 이런 물음을 던졌다. 사람으로서 '어떻게 할 것인가'가 아니라, 예수라면 '어떻게 하실 것인가'를 묻기 시작했다. 사람의 소리가 크면 하나님의 음성은 들리지 않는다. 사람의 소리가 작아지면 하나님의 세밀한 음성이 들린다. 이 교회의 성도들도 사람들의 소리가 점점 더 커지자 하나님의 소리는 점점 더 들리지 않게 되고, 사람의 소리만 크게 들리기 시작한 것이다. 마귀가 분열을 획책한다.

그러나 다시 회개하여 자기 자리를 찾아 "예수라면 어떻게 하실까?" 라는 질문을 던질 때, 하나님 안에서 하나님의 음성을 듣기 시작했다. 점점 마음이 하나가 되어 간다. 하나님의 영, 성령은 하나 되게 하는 역사를 이루시기 때문이다.

그들은 결론을 내렸다. 이 동상을 두 팔이 없는 모습 그대로 세워 두기로 했다. 그 대신 그 두 팔 없는 예수의 동상 앞에 이런 팻말을 붙이기로 했다.

"예수님은 팔이 없으십니다. 주님! 이제 우리가 당신의 팔이 되겠습니다."

두 팔 없는 동상을 그대로 세워놓은 성도들은 항상 내가, 우리가 예수의 팔이 된다는 마음으로 열심히 봉사하고 기도하며 복음을 전했다. 머지않아 그 교회는 크게 부흥하였고, 그 지역에서 평화의 도구로 사용되었다.

찰스 M. 셸던(Charkes M. Sheldon, 1857~1946)의 저서 『예수라면 어떻게 할 것인가 In His Steps: "What Would Jesus Do?"』에서 보여주듯이, "예수라면 어떻게 하실까?"란 질문을 던지면서 매 순간 행동으로 옮겨야 한다.

이 책은 그 해답으로 '모방'을 제시한다. 구체적인 삶의 모방 말이다. "예수라면 어떻게 하실까?"라는 명제 아래 인생 안에서, 삶의 구체적 현장 안에서 모방을 통해 작은 변화가 시작될 것이다.

동성애 — 예수라면?, 예수가 부자라면?, 예수가 의사였다면?, 예수가 우리 교회의 장로, 권사, 집사였다면?, 예수가 담임목사였다면?, 예수가 감리회 교인이었다면, 어떻게 하셨을까?

우리의 구체적인 삶의 현장 속에서 이러한 질문들만이 우리를 하나로 묶을 수 있다.

우리의 삶은 항상 예수가 중심이 되어야 한다. 우리는 항상 예수가 중심이 되어 하나가 되어야 한다.

"성령이 하나 되게 하신 것을 힘써 지키라."

아드 폰테스(Ad Fontes)

예수께서 나귀 새끼를 타고 들어가신 곳은 예루살렘이다. '예루살렘' 은 '거룩한 도시, 평화의 도시'라는 뜻이다. 그런데 이방인들은 '예루살 렘'을 '예루솔로마'라고 불렀다. '솔로마'라는 말은 '평화'라는 말로서 평화는 '평화'인데, '빈정대는 말투'이다.

"이스라엘 백성들아, 너희들이 자랑하는 예루살렘이 평화의 도시라 고, 거룩하다고? 웃기지 마라. 하나도 평화롭지 않고, 하나도 거룩하지 도 않으며, 오히려 그 안에는 부패와 외식만 가득 차 있구먼."

이런 빈정거림이 '예루솔로마'이다. 그들이 보기에 예수께서 종려 주일에 나귀 새끼를 타고 들어가신 곳은 '예루살렘'이 아니었다. '예루 솔로마'였다. 예수께서 이 '예루솔로마'에 들어가서 가장 먼저 하신 일이 무엇인가? '예루솔로마'를 뒤엎으셨다. 예루살렘 성전, 겉으로는 뻔지르르한 평화의 도시, 거룩한 성전인 것처럼 보이지만, 실상 그 안에서는 제사장들과 종교 지도자들이 장사꾼들과 짜고 돈을 환전하면서 폭리를 취하고 부정과 부패를 일삼고 있는 거짓과 위선의 '예루솔로마'였던 것이다.

예수는 이렇게 '예루살렘'이어야 할 성전이 '예루-솔로마'가 된 것을 보시고 격하게 상을 뒤엎으면서 말씀하신다. "내 집은 기도하는 집이라 일컬음을 받으리라 하였거늘 너희는 강도의 소굴을 만드는도다."(마 21:13)

'예루-솔로마'에서 '예루살렘'으로는 종교개혁의 전통이다. 오늘 우리의 교회는 '예루살렘'인가? '예루-솔로마'인가? 오늘 교회의 문제는 무엇인가? 그것은 다름아닌 '교회의 세속화'이다. 교회가 사회를 염려하는 시대가 아니라, 이제는 사회가 교회를 염려하고 있다. 개탄할 노릇이다. 여러 가지 분석과 이유가 있겠지만, 가장 핵심은 교회가 '교회의 본질'을 잃어버렸다는 것이다.

이민 사회라는 특수성으로 오늘날 많은 이민교회는 하나님과의 진솔한 인격적인 만남(개인 성화)과 그분이 만들어가는 역사의 동참(사회 성화)보다는 사람과 사람들과의 만남과 관계에 더 많이 관심하고 있다. 교회의 주인은 예수 그리스도이신데 어느새 사람이 중심이 되어간다. 교회는 예수만 드러나야 할 텐데 점점 사람이 드러나고 있다. 교회의 본질과는 관계없는 이벤트와 프로그램들로 가득 채워져 간다.

진정한 위로와 평화의 '예루살렘이어야 할 교회'가 어느덧 허울과 위선과 부패가 가득한 '예루-솔로마의 교회'가 되어버렸다. '예루-솔로마'에서 '예루살렘'으로는 본래 종교개혁의 전통이다. '본질로 돌아가자'는 '아드 폰테스'(Ad Fontes)는 종교개혁가들의 정신이자 슬로 건이다.

레오나르도 다빈치가 그린 걸작품 중 하나가 <최후의 만찬>이다. 그는 그림이 완성된 후, 친구 몇 명을 초대하였다. 그리고 보자기에 감추어진 그림을 처음으로 자랑스럽게 보여주었다. 그러자 모두가 감탄한다.

그림에 매료된 친구 중 하나가 탄성을 지르며 "정말 대단한 그림이네. 예수님의 손에 들린 저 포도주잔은 정말 실감이 나네. 어떻게 이렇게 정교하게 그릴 수가 있나, 정말 놀랍군."이라고 말하였다. 그러자 레오나르도 다빈치는 곧바로 붓을 가지고 오더니 유리잔을 지워 버렸다.

감격스럽게 그림을 구경하던 친구들이 놀라서 물었다. "왜 지워 버리나?" 레오나르도 다빈치가 조용히 입을 열었다. "이 작품은 실패한 그림이라네. 나는 사람들이 이 그림을 보면서 예수님을 보기 원했네. 그런데 예수님이 아니라 예수님이 들고 있는 잔 때문에 예수님이 가려지면 안 되지 않겠나." 그리고 레오나르도 다빈치는 붓을 다시 들어 잔을 지우고 예수에게 시선이 집중되도록 다시 그림을 그렸다. 그에게 예수만 나타나는 데 방해되는 그 어떤 것도 다 불필요했던 것이다.

그래서 최후의 만찬에 붙은 또 다른 이름은 <오직 예수>이다. 그렇다. 교회에서 예수를 만나고, 예수만 보이는 데 방해되는 것들은 다 지워 버려야 한다. 교회에서는 오직 예수만이 분명하고 선명하게 보여야 한다.

주께서 싫어하시면 내가 아무리 좋아도 싫어해야 한다. 주께서 좋아하시면 내가 아무리 싫어도 좋아해야 한다. 주께서 하지 말라고 하시면 내가 아무리 하고 싶어도 하지 말아야 한다. 주께서 하라고 하시면 내가 아무리 하기 싫어도 할 줄 알아야 한다.

교회는 말씀, 기도, 찬송, 예배, 봉사와 헌신, 전도, 교제 등등을 통하여 이렇게 예수를 점점 닮아가는 훈련을 하는 곳이어야 한다. 그러나 오늘 우리의 교회는 어떠한가? 우리의 교회는 결단코 '교회의 본질'을 잃지 말아야 한다. 우리 교회 안에는 예수의 십자가와 그 피가 더욱더 선명하게 나타나야 하고, 그 피가 메마르지 않게 해야 한다. 교회는 '언제 어디서나 교회다워야 교회'이다. '예루-솔로마'에서 '예루살렘'으로는 종교개혁의 전통이다. '본질로 돌아가자'는 '아드 폰테스'는 종교개혁가들의 정신이자 슬로건이다.

10월 마지막 주일은 종교개혁주일이다. 예수는 오늘 우리의 교회를 '예루-살로마의 교회'에서 '예루살렘의 교회'로 뒤엎어 회복시키려고, 나귀 새끼를 타시고 내 안으로 그리고 우리 교회 안으로 뚜벅뚜벅 들어오신다. 예루-솔로마의 교회와 성도들에게는 '십자가의 도가 멸망하는 자들에게는 미련한 것'(고전 1:18)이 될 것이다. 그러나 성도들로 살지 못했던 안타까움으로 이젠 그리 한번 살아 보려고 발버둥 치며 몸부림치는 우리와 우리가 섬기는 교회는 예루살렘의 교회로, '십자가의 도가 구원받는 우리에게는 하나님의 능력'이 될 것이다.

'아드 폰테스'(Ad Fontes)! 종교개혁주일을 맞아 '십자가의 도'가 구원받는 우리에게는 하나님의 능력(고전 1:18)이심을 믿고, 눈물 젖은 눈으로 오직 '에케이 호모'(Ecci homo), 주님만 더욱더 선명하게 바라보면서, 내가, 우리가, 교회가 바로 그분, 예수, 십자가의 능력으로 '예루-솔로마'에서 '예루살렘'으로 회복되는 '아드 폰테스'의 역사가 종교개혁주일에, 아니 매주일이 종교개혁주일이 되어 나타나기를 축복한다.

예수께로 6마일

예수 그리스도께서 이 땅에 오셨다. 당시 제사장들, 서기관들, 이스라엘 지도자들은 이미 700년 전에 미가의 예언을 통하여 메시아가 태어나신다는 것을 알고 있었다(미가 5:2). 또한 동방박사들을 통하여 베들레헴에서 '메시아'가 태어나셨다는 것도 알게 되었다. 그런데 왜 왕과 대제사장과 서기관들은 베들레헴으로 달려가지 않았을까?

걸어서 가면 3시간, 노새를 타면 30분이면 갈 수 있는 거리, 불과 6마일밖에 안 되는데도 말이다. '관심이 없어서'였다. 입으로는 "메시아가 베들레헴에서 태어나 이스라엘을 다스리시고 목자가 될 것이다."라고 떠들었지만, 정작 이들은 '메시아의 탄생'에 별반 관심이 없었다.

그들에게는 현재 장가가고 시집가는 것, 밭 사고, 소 사고, 집 사고, 돈 버는 것이 더 중요했다. 이들은 종교 지도자로서 살았을지는 몰라도, 아이러니컬하게도 자기들이 사람들에게 전하는 메시아에 대해서 전혀 관심이 없었다. 그래서 아무도 베들레헴으로 갈 생각조차 하지 않았던 것이다.

동방박사들은 산 넘고 강 건너 메시아를 만나고자 4개월이 걸려 밤을 지새우면서 왔는데도 불구하고 말이다. 이들의 모습이 어디 그들만의 모습이겠는가? 우리의 모습도 또한 다르지 않을 것이다. 매해 반복되어 찾아오는 성탄절이지만 많은 사람의 관심은 "나의 구원자, 나를 구원해 줄 메시아"에 있지 않았다.

오히려 지금도 많은 사람의 관심은 주식이 올라가고, 환율이 떨어지는 데 있다. 어떻게 하면 돈을 조금이라도 더 벌어볼 수 있을까, 어떻게 하면 영향력 있는 좋은 사람들을 만나 인맥을 넓혀 가느냐에 더 관심이 있다. 화려한 크리스마스 파티에 관심이 있다. 기독교에 대해서, 성경에 대해서, 교회에 대해서 알긴 하지만, 진정 '예수에 대해 관심'이 없는 사람들이다. 거기에 '나의 메시아', '나의 구원자', '나의 예수'는 계시지 않는 것이다. 이러한 사람들을 우리는 '신앙인'이라고 부르지 않고, '종교인'이라고 부르는 것이다.

신앙인들은 그 무엇보다도 가장 먼저 '나에게 예수는 누구신가?' 그리고 '내가 예수를 영접할 때 나의 삶에는 어떤 변화가 생겼는가?'에 대해 깊이 관심한다.

여러분에게 예수는 누구신가? 대학생선교회(Campus Crusade for Christ)를 통하여 이 땅에 많은 젊은 생명들을 예수께로 인도하고 헌신케 하신 김준곤 목사는 이 질문에 대해 이렇게 대답했다. "나에게 예수는 백문일답입니다. 백문, 나에게 백 가지를 물어봐도 일답, 대답은 오직 하나 예수뿐입니다."라고.

오랫동안 기다리던 주님이 죄에 매인 백성들에게 자유를 주시려고, 우리를 치료하고 회복시키고 소생시키시려고 6마일 거리에 오셨는데, 당시 그 6마일을 걷지 않았던 사람들이 있었고, 오늘도 그 6마일을 걷지 않으려는 사람들이 있다.

구원에, 사랑에, 위로에, 영생에 이르기까지, 예수께 이르기까지 6마일! 이제 우리는 강림절을 맞아 1마일씩 베들레헴 마구간으로 별을 따라 걸어가면 된다. 이 걸음을 톨스토이의 단편소설 「사랑이 있는 곳에 신이 있다」를 통해 함께 나누고자 한다.

꿈속에 하나님께서 부르시는 음성을 듣고 마르틴은 물었습니다. "하나님, 저에게 오늘 찾아오시겠다고 말씀하셨지요? 그래서 저는 차와 수프, 따뜻한 불을 준비하고 하루를 기다렸습니다. 그런데 왜 안 오셨습니까?"
그러자 어둠 속에서 자신이 낮에 대접했던 늙은 청소부와 아기 안은 여인, 그리고 사과를 훔친 소년과 노파가 나타나 마르틴에게 미소를 지었고, 이어 하느님의 목소리가 들렸습니다.
"마르틴, 오늘 네가 나를 진정 보지 못했느냐? 난 오늘 너를 세 번이나 찾아가 만났었다. 네가 오늘 만난 사람들이 바로 나이다. 너는 나를 대접한 것이다."

우리가 베들레헴까지 6마일을 걸어 이 땅에 오신 예수 그리스도를 만나려면 '지극히 작은 자 하나'를 돌보며 사는 사랑이 있어야 한다는 것이다. "내 형제 중에 보잘것없는 사람들에게 극진히 대접한 것이 바로 내게 한 것과 같은 것이다."(마 25:40)라는 예수의 말씀을 기억하면서, 내가 가지고 있는 것 중에서 나의 도움을 필요로 하는 이들에게 줄 수 있는 것이 무엇인지를 찾아 실천하는 것이 중요하다. 이런 '선한 사마리안의 마인드와 스피릿' 그리고 선행이 있을 때, 우리는 비로소 예수와 만나는 '나의 성탄절'을 살게 된다. 강림 절기, 예수께로 6마일을 걸어가 보자!

예수 미니멀리스트

    평생 시계 만드는 일에 헌신한 사람이 있었다. 그는 아들의 성인식 날 손수 만든 시계를 선물하였다. 그런데 그 시계는 여느 시계와는 다른 특별함을 지니고 있었다. 시침은 동(銅), 분침은 은(銀), 초침은 금(金)으로 되어 있었다. 시계를 받은 아들이 물었다.

    "시침이 가장 크니까 금으로 만들고, 가장 가늘고 작은 초침은 동으로 만들어야 하지 않나요?'"

    아들의 질문에 아버지는 대답했다.

    "초침이야말로 금으로 만들어야 한단다. 초를 잃는 것은 세상의 모든 시간을 잃는 것과 마찬가지이기 때문이지."

    그는 아들의 손목에 시계를 채워주며 말을 이어갔다.

    "초를 아끼지 않는 사람이 어떻게 시간과 분을 아낄 수 있겠니? 세상만사 순간에 의해 결정되는 것이라는 걸 명심하고, 너도 이제 성인이니만큼 1초의 시간도 소중하게 여겼으면 좋겠구나."

귀한 교훈이 아닐 수 없다. 우리 모두 새해를 시작할 때는 큰 꿈을 갖는다. 그러다가 연말이 되면 그 꿈에서 자유로운 사람과 스트레스 받는 사람이 생긴다. 그 꿈에서 자유로운 사람은 그 꿈이 이루어졌다면 더 말할 나위 없이 좋지만, 그러나 비록 그 꿈이 이루어지지 않았더라도 1년 동안 성취를 위하여 최선을 다하였다면 그 결과에 대하여 떳떳하고 자유롭다.

그러나 꿈만 꾸었지, 성취를 위하여 최선을 다하지 않은 사람들은 이루어지지 않은 꿈에 대해 늘 괴로워하고 갈등하게 된다. 우리는 꿈을 꾸는 사람들이다. 꿈을 꾸되 자유로워야 합니다. 그러기 위해서는 어떤 인생의 목표와 비전과 꿈을 지녔더라도 항상 하나님과 교회와 역사와 사람 앞에서 최선을 다해야 한다.

성경은 이를 가리켜 '착하고 충성된 종'이라고 부른다. 또한 그렇지 못한 사람을 '게으르고 악한 종'이라고 부른다. 나는 중학교 때 목사님 설교를 통하여 "게으름도 악이구나!"라는 도전을 받았다. 그 이후 지금까지 "게으르지 말자, 이것은 악이다. 최선을 다하여 살자!"라고 다짐하며 살아왔고 결과에 대한 자유함을 누렸다.

'선과 악'의 분별과 차이는 '충성과 게으름'이다. 그리고 선한 자, 충성된 자의 특징은 '작은 일'에 임하는 태도에 달려 있다. 이들에게 예수는 약속하신다. "작은 일에 충성하였으니 내가 많은 것을 네게 맡기겠노라. 네 주인의 즐거움에 참여할지어다."

인생의 그릇과 지경이 넓혀져 가는 성서적 복에 대한 개념이다. 복은 예수께서 명하셔야 한다. 예수께서 명하시는 복은 '작은 일에 충성한 자'에게 해당된다. 무엇을 하든지 '작은 일에 충성'해야 한다. 언제든지 '금으로 만든 시침'을 기억해야 한다.

새해에는 작은 일에 최선을 다하지 않은 채 큰 꿈을 꾸며 그 꿈이 이루어지기를 바라는 '교만한 욕심'을 내려놓는 훈련을 해야 한다. 큰 꿈은 작은 습관, 분명한 의지 등이 선행될 때 이룰 수 있기 때문이다.

알렉산드라 피네(Alexandra Fine)는 말한다. "가장 바쁜 사람이 가장 많은 시간을 가진다. 부지런히 노력하는 사람이 결국 많은 대가를 얻는다."라고.

새해에는 내가 바쁘고 기쁜 일보다 예수 때문에 바쁘고 예수가 기뻐하실 일에 초점 맞추는 삶, 그래서 주님이 주목하고 관심 가지시는 '거룩한 열망과 부담이 있는 삶'을 꿈꾸시기를 바란다. 초침을 금침으로 여기는 작은 일에 충성하는 신앙을 살아가기를 바란다. 그래서 올해의 마지막 자락에 떳떳하게 자유하는 한 해가 되시기를 바란다.

'미니멀리스트'(Minimalist)라는 말이 있다. 자기가 가치 있다고 생각하는 그 일에만 집중하는 사람들을 가리키는 말이다.

세계적인 패션 브랜드 ZARA의 회장은 여전히 구내식당에서 직원들과 항상 같이 밥을 먹고 단 한 번도 개인용 집무실을 가져본 적이 없다. 50조 기부 선언을 했던 페이스북의 마크 주커버그는 퇴근 후에는 가족들과 대부분의 시간을 보낸다.

의외로 이들의 삶은 매우 단순하고 평범하다. 이들은 좋은 스포츠카나 명품 옷과 펜트하우스 등을 마음만 먹으면 아주 간단하게 누릴 수 있는 능력이 있지만, 그리고 그것들을 싫어하지 않지만, 그러나 그런 것들에 관심이 없을 따름이다.

그들이 추구하는 삶의 가치가 애초에 그 방향이 아니기 때문이다. 그들은 자기 스스로 '내가 무엇을 원하는지 명확하게 알고 가장 소중한 것에 집중'한다. 이런 사람들을 '미니멀리스트'(Minimalist)라고 한다.

우리는 예수 따라 이리저리 몰려다니는 '무리, 팬'(NOT A FAN)이 아니라, 예수를 이 시대에 나의 삶의 자리(Here & Now)에서 재현(Representation)하는 예수의 '제자'(The Beloved Disciple)된 삶, 가장 행복한 부르심을 남김없이, 아낌없이, 후퇴없이, 후회없이 살아야 한다. 이렇게 살려면 우리는 과연 무엇으로부터 자유로워져야 하며, 무엇을 더욱더 가장 소중히 여겨야 할까?

더 늦기 전에 깨닫는 순간이 가장 빠른 기회임을 믿고, 예수 안에서 우리가 가장 가치 있다고 느끼는 것이 무엇인지를 깊게 고민하고, 그것을 위해 최선을 다해 관심을 갖고 집중하며 살아가기를 바란다. 그렇게 할 때, 분명히 올 한해가 우리에게 더욱더 행복해질 것이다. 코로나로 인해 우울했던 지난해를 뒤로 하고 이제 새해에는 코로나 백신도 치료제도 나오리라 믿는다.

우리 모두가 한층 더 성숙해져 가는 '예수 미니멀리스트'가 되기를 소망하며 "Happy New Year" 인사를 전한다.

다시, 오직 주님만이!

지금으로부터 112년 전인 1911년에 미국에서 발간된 *The Happiest Girl in Korea*란 제목의 책에는 1900년대 초 조선에서 헌신한 한 여선교사의 눈에 비친 아름다운 영혼들의 이야기가 담겨 있다.

저자인 미네르바 구타펠은 미국 필라델피아 출신 여선교사로 1903년에 내한하여 서울과 경기도 등지에서 주로 활동하다가 1912년에 귀국하였다. 구타펠은 선교지에서 만난 아이들과 당시 조선의 모습을 여러 선교잡지에 기고하였는데, 이를 모아서 출판했던 것이다.

이 책 속에는 9편의 이야기가 수록되어 있는데, 제목이 된 "조선에서 가장 행복한 소녀"인 옥분이 이야기 2편, 조선의 여자 아기의 입장에서 일인칭으로 쓴 "조선 아기의 생각", "맹인 소녀 이야기", "조선의 왕자 이야기" 2편 그리고 전차를 타면서 보았던 당시 조선의 풍물을 묘사한 글 등이다. 이 가운데 옥분이 이야기를 나누고자 한다.

옥분이가 처음 병원을 찾은 건 14살이 되던 어느 추운 겨울이었다. 주인에게 이끌려온 옥분이는 손발이 온통 동상에 걸려 거동도 하지 못할 지경이었다. 이후 병원에 입원하여 거의 1년간을 정성껏 치료를 받았지만, 결국은 두 손과 한쪽 발을 절단하게 되었다.

옥분이는 가난에 찌든 가정에서 태어났다. 어릴 때부터 줄곧 굶주림과 추위를 벗으로 삼고 살다가 어느 날 남은 동생들의 양식을 위해 부잣집에 종으로 팔려 갔다. 그러나 그 부잣집에서도 굶주림과 추위는 계속되었고, 오히려 고된 일과 매질까지 덧붙여졌다.

날이 추워지자 손가락 발가락이 하나씩 동상에 걸려 힘겨운 삶의 무게에 고통마저 더하게 되었다. 시간이 갈수록 동상은 더욱 심해져 더 이상 일을 할 수가 없게 되었다. 주인은 그때서야 옥분이를 데리고 선교사들이 운영하는 병원에 데려와 '가능한 한 빨리 나아서 이용 가치가 있는 사람이 될 수 있도록' 의사에게 부탁하곤 떠났다.

그해 연말, 크리스마스가 되자 선교사들은 병원 내에 비록 싸구려 장식품 몇 개뿐이지만, 정성껏 크리스마스트리를 만들어 놓았다. 옥분이는 그동안 자신을 잘 돌봐주던 선교사의 방을 찾았다. 그 선교사는 새해가 되면 본국으로 되돌아갈 예정이었다. 옥분이는 본국에 되돌아가면 그곳 사람들에게 감사하다는 말을 전해 달라고 선교사에게 부탁한다.

"옥분아, 사람들이 옥분이를 모를 텐데 너를 뭐라고 소개할까?"

"세상에서 가장 행복한 소녀 옥분이라 전해주세요."

"세상에서 가장 행복한 소녀라고? 세상은 너무 크고 네가 가장 행복하지 않을 수도 있잖아. 내 친구들이 그렇게 생각하지 않는다면 어쩌지?"

"그럼 조선에서 가장 행복한 소녀라고 전해주세요. 그래요, 그게 좋겠어요. 조선에선 오늘 나보다 더 행복한 사람은 없을 거예요."

"그래, 네가 가장 행복한 이유를 말해 줄 수 있겠니?"

"그럼요. 첫째는 제 모든 고통이 사라졌기 때문이고요. 둘째는 여기 있는 몇 달 동안 매를 한 번도 맞지 않았어요. 셋째는 이곳에 온 후론 배고픈 적이 없어요. 넷째는 의사 선생님이 주인에게 돌아가지 않고 여기 계속 있어도 된다고 했어요. 다섯째는 크리스마스트리 때문이에요. 그렇게 예쁜 것을 본 적이 없었거든요."

"이제, 다 했니?"

"아뇨 하나가 더 남았어요. 선교사님이 예수님께 기도하면 손발이 있는 다른 사람들에게 그랬던 것처럼 내 죄를 씻어주신다고 말했잖아요. 그래서 믿고 기도했더니 두 손이 없고 발이 하나밖에 없는 나 옥분이도 예수님이 사랑한다고 말씀하셨어요. 그리고 기도했더니 그분이 정말 들어 주셨어요. 내 죄를 다 가져가셨어요. 그리고 나를 자녀 삼아 주셨어요. 나를 사랑하셔요. 나는 진심으로 그걸 알아요. 이만하면 충분하겠죠. 내가 가장 행복한 이유가."

4년 후 18세가 된 옥분이는 병원 내 환자들에게 복음을 전하며 '안나'라는 세례명으로 그리스도의 증인이 되었다. (퍼온 글)

그동안 무엇인가를 잃어버리고, 잃어버린 것이 무엇인지도 모르는 채 무심코 살아왔던 우리의 마음을 콕콕 찌른다. 우리의 마음을 흔든다. 바로 예수의 사랑이다. 바로 예수의 십자가이다. 바로 예수의 구원이다. 바로 주님으로 인한 삶의 감격과 진동과 울림이다. 바로 예수 때문에 감사요 기쁨이요 행복이다.

그러나 오늘 우리와 교회에는 "바로 주님의, 바로 주님으로 인한, 바로 주님 때문에"가 점점 멀어지고 희미해져서 잃어버린 지도 모르는 채 매일을 살아간다. 그것도 아주 정신없이 세상에 끌려다니면서.

이젠 그 올가미에서 벗어나, 우리를 향하신 처음 질문인 "Where are You?"(창 3:9)라고 물어보시는 하나님 앞에서 나 스스로의 삶의 자리를 직면하고 성찰하는 시간이 정말 필요하다. 그리고 궤도를 수정해야 한다. 그래야 내 영혼이 산다. 내 영혼이 살아야 환란 중에서도 인내할 수 있고, 결국 마침내 하나님의 회복을 만나게 된다.

서서히 선선한 바람이 불어온다. 올가을에는 '바로 주님'만을 바라보며 주님께 더 가까이 다가가, 진정 다른 그 무엇이 아닌, '다시 오직 주님만이' 우리와 교회가 다시 무릎 꿇어야 할 제단임을 깨달아 알기를 바란다. 거기에 치유와 회복의 풍성한 역사가 체험되는 감사 계절이 되기를 축복한다.

예수쟁이의 기본과 원칙

미국의 유명한 햄버거 체인점 인앤아웃은 '시대착오적인 햄버거 가게'로 불린다. 경쟁업체에서 신메뉴를 쏟아내는 동안 인앤아웃은 세 가지 햄버거 메뉴로 74년째 장사하고 있을 뿐만 아니라, 디지털 시대에 그 흔한 자체 주문 앱도 없기 때문이다. 그 때문에 경쟁에서 밀릴 거라는 우려도 있었지만, 콜로라도주에 매장을 오픈하자마자, 고객들이 14시간을 기다릴 만큼 엄청난 입지를 보여주었다.

이 같은 성공의 배경에는 '화려한 비즈니스 전략보다 기본에 충실하는 게 곧 혁신'이란 경영철학이 있었기 때문이다. 1948년 스나이더 부부의 손에서 탄생한 인앤아웃, 한 평도 안 되는 작은 매장으로 시작했지만, "맛과 품질이라는 기본에 충실하자!"라는 경영철학에 신규 매장은 신선한 식자재를 배송할 수 있는 곳에만 개설했다. 또 신메뉴를 내놓는 공격적인 마케팅보다는 신선한 재료로 만들 수 있는 맛과 품질을 지키기 위해 메뉴도 크게 바꾸지 않았다.

그리고 또 다른 경영철학은 '사람'이었다. 최고의 직원에게서 최고의 햄버거와 서비스가 나온다는 신념으로 직원들에게 업계 최고 수준의 급여를 주었다. 세계 최대 직장 평가 사이트 글래스도어에 따르면, 인앤아웃은 2018년 일하기 좋은 직장 4위에 뽑히기도 할 만큼 신의 직장이라고 불리는 구글보다 한 단계 높은 순위라고 한다.

이 경영철학은 패스트 푸드점이 파트 타임으로 잠깐 일하는 곳이라는 통념을 깨고 직원들이 자신의 미래를 거는 일터로 만들었다. 그 결과 직원들이 주인의식으로 일했고, 이는 매장의 매출로까지 연결되어 연 매출 1조를 넘기는 회사가 되었다. 기본에 충실하다는 것은, 누가 보든지 보지 않든지, 내가 손해를 보든지 이익을 보든지, 어떤 상황에서도 마음이 바르고 곧은 것을 의미한다. 어떤 이들은 이렇게 하는 것을 융통성이 없다거나 혹은 바보 같다고 말할지 모르지만, 그렇게 원칙과 기본을 잘 지키는 사람이 세상을 바꾼다. (퍼온 글)

원칙과 기본! 가슴을 울린다. 내가 그렇게 살지 못했기 때문이다. 선생에게는 학생들을 잘 가르치는 일이 원칙과 기본이다. 의사들에게는 병든 사람을 잘 고치는 일이 원칙과 기본이다. 과학자들에게는 기술 개발에 전념하여 진보된 새로운 문명시대를 열어가는 일이 원칙과 기본이다. 지도자들과 정치인들은 민생을 챙기고 나라를 번성하게 하여 민족의 유산을 후대로 이어 주는 일이 원칙과 기본이다. 목회자들과 교회는 성도들의 영혼을 구원하고 이 땅 위에 하나님 나라를 세워나가는 일이 원칙과 기본이다.

각자의 삶의 자리에서 이 기본과 원칙이 지켜지지 않는다면 모두 다 삯꾼들이고, 이들로 인해 이 세상은 부정이 난무하여 부패하고 분열되고 타락한 사회가 될 것이다. 이러한 것이야말로 다름 아닌 사단의 역사이다. 사단은 분열의 영이기 때문이다(유 1:19). 반대로 성령은 하나 되게 하시는 영이다.

우리는 각기 기본과 원칙에 충실하여 성령의 도우심으로 하나 되게 하시는 역사에 힘써야 한다(엡 4:3). 『논어』 "학이편"에 보면 '본립도생'(本立道生)이란 말이 나온다. 이 말은 "기본이 바로 서면, 나아갈 길이 보인다."라는 뜻이다. 그렇다. 우리도 서 있는 삶의 자리에서 원칙과 기본에 충실하다면 희미한 세상 속에서 분명 나아갈 길이 선명하게 보일 것이다.

예수는 항상 공생애의 원칙과 기본의 자리에 아주 분명하게 서 계셨다. 공생애의 시작 메시지인 '복음을 전파하고 하나님 나라를 선포'하셨다(마 4:17). 그리고 모든 제자가 다 떠나갔지만, 십자가를 지기까지 그 길만을 오롯이 지켜나가셨다. 그러기에 그는 복음의 원칙과 기본이 흔들리지 않고 가셨던 바로 그 자리에서 부활의 생명으로 나타나셨다. 우리에게 그렇게 살라고 인간의 몸을 입고 오셔서 그 자리와 길을 직접 보여주셨던 것이다.

그러나 제자들도, 우리도 그리 살기란 만만치 않다. 그러나 그리 살아야 할 길이 제자도(막 8:34)이기에 적어도 그리 살려고 끊임없이 몸부림해야 한다.

나는 어렸을 때부터 나침반을 무척 좋아했다. 언제, 어디서나, 어떤 상황이나 현실에서도 나침판의 바늘은 파르르 떨며 북극을 가리킨다. 이것도 나침판의 기본과 원칙이다. 떨림이 없는 그래서 방향을 찾지 못하는 나침판이라면 아무짝에도 쓸모없는 고장 난 나침판이다. 항상 파르르 떠는 그 떨림, 그리고 결국에는 방향을 찾아가는 순간들이 너무나 큰 울림을 주었다.

우리에게는 비록 그리 살지는 못할지라도 예수를 따라 살고 싶은 그 떨림이 항상 파르르 살아 있어야 한다. 그리고 언제, 어디서나, 어떤 상황이나 현실에서도(반복) 항상 예수를 향한 방향성만큼은 잃지 말아야 한다. 운전할 때도 약간의 핸들 움직임은 직진하는 데 아무 영향을 주지 않는다. 이것을 '유격'이라고 한다. '삶의 유격' 또한 존재한다. 좌우로 약간은 움직여도 방향을 잃지 않는 '인생의 유격' 말이다.

예수가 부르신 사역의 삶의 자리(Calling)에서 소명의 열정을 갖고 파르르 떠는 떨림으로 원칙과 기본을 잃지 않고 항상 하나님 나라를 가리키며 사는 우리가 될 때, 적어도 인생의 유격이 있더라도, 아니 그 유격을 가끔은 벗어날지라도, 어느 자리에서든지 그렇게 살려고 최선을 다해 노력하려는 끈을 놓치지만 않는다면, 내 안에, 가정 안에, 교회 안에, 공동체 안에, 세상 안에 하나님 나라의 열매들이 성령의 역사로 눈에 보이게, 손으로 만져지게 '여호와의 행적'으로 나타나게 될 것이다.

우리는 작은 예수(Small Christ)요, 걸어다니는 교회(Walking Church)이기에 세상은 이런 우리를 통하여 예수를 바라본다. 2년여

넘게 코로나의 긴 터널을 지나 평상의 일상으로 조금씩 돌아가는 즈음, 자칫 흔들릴 수도, 흐려질 수도, 흐트러질 수도 있는 예수쟁이들의 기본과 원칙을 가정의 달, 공동체의 달에 다시 한번 자리매김해 본다.

우리를 향하신 세미한 음성

오늘은 어느 목사님의 이야기를 실어본다.

여기에 간단한 시험문제가 있다.

문제 : 아버지가 심부름을 시켰습니다. 이 심부름을 꼭 해야만 합니다. 어떻게 하는 것이 가장 지혜로울까요?

1. 말로 할 때 한다.
2. 조금 얻어맞고 한다.
3. 많이 얻어맞고 한다.
4. 끝내 버티다가 쫓겨난다.

우리는 과연 몇 번에 동그라미를 치겠는가? 그리고 실제로는 어떻게 살고 있는가? 1번 형 인간이 가장 지혜롭다. 그럼에도 불구하고 1번대로 살아가는 사람이 별로 없다는 것이 우리의 현실이다. 4번 형 인간이야 도무지 소망이 없는 존재이지만, 뜻밖에도 3번 형 인간이 많다는 사실은, 우리가 한 번 그 원인을 살펴볼 필요가 있음을 느끼게 한다. 하기야 교회에 초청되어 신앙간증을 하는 사람의 대부분이 실컷 두들겨 맞고 절뚝거리며 예수께 나아온 사람들 얘기뿐이니, 성도들이 그런 식의 삶을 정상적으로 여기는 비정상에 빠진 경향도 있는 것이 사실이다.

우리는 하나님의 눈초리를 분명히 느끼면서도 끝내 버티다가 혼찌검이 나서야 두 손 들고 엎어지는데, 그 미련함의 원인이 무엇일까? 가슴 한복판에 예수를 모시고 그 음성 듣기를 즐거워하여 그분의 부드러운 숨결에 실려 춤추는 난초 잎사귀처럼 사는 것이 정말 이토록 힘든 일일까?

이 모든 소치가 먼저 '나' 있고 '예수' 있다는 식의 교만한 사고 구조 탓이 아닌가 싶다. 입술로는 화려하게 그분의 영광을 말하지만, 가슴엔 여전히 내가 왕으로 남아 있어 거룩한 통치권을 향해 불현듯 나타나는 교만을 버리지 못한 탓이다.

순종에는 노예의 순종이 있고 자녀의 순종이 있다. 품삯을 바라는 파출부의 수고와는 다른 사랑에 겨운 새색시의 수고로 예수를 섬길 때, 이것이야말로 주님이 받을 만한 향기가 될 것이다. 지금도 주님의 음성은 꽃잎 위에 내리는 햇살처럼 내게로 다가온다. 부드러운 터치(Touch)로 다가오는 주님의 사랑, 그것을 감당하지 못하는 불감증만으로도 우리는 이미 죄인이다.

야구 방망이로 두들기면 자다가도 벌떡 일어나겠지만, 주님의 마음이야 어디 그런 식으로 자녀들을 대하고 싶으실까? 그 세미한 간섭을 느끼지 못하는 세 가지 원인이 있다. 하나는 죽었을 때, 두 번째는 잠들었을 때, 마지막으로 엉뚱한 데 정신을 팔고 있을 때이다. 하나님은 지금도 살아서 우리에게 세미한 음성으로 다가오신다. 우리는 '말로 하실 때' 주님께 응답하는 성도가 되어야 할 것이다.

제2부

겨자씨처럼 성장하는 삶의 조건들

팔레스타인의 겨자씨는 그 크기가 직경이 1mm,
무게가 1mg 정도밖에 되지 않지만,
자라나면 평균 키가 1.5~3m까지 된다고 한다.
1mm의 크기가 1,500~3,000배로 자라난다는 것이다.
예수는 오늘 우리에게 겨자씨 한 알에 담긴
하나님의 기대를 계속 말씀하신다.
"네가 비록 지금은 작고 보잘것없을지라도 부끄러워하지 말거라.
네 가슴 안에 꿈이 있고, 이제 그 꿈을 바라보며 자라나는
생명력이 있다면,
네 인생 안에 가장 위대한 일이 일어날 것이다."

STOP & CHECK

　살다 보면, 많은 사건과 사고들을 당하게 된다. 그런데 이런 사건과 사고들이 발생하기 이전에 반드시 징후들이 존재한다는 법칙이 있다. '하인리히 법칙'(Heinrich's Law)이다. 참 흥미롭다. 허버트 윌리엄 하인리히(Herbert William Heinrich)가 1931년에 펴낸 『산업재해 예방: 과학적 접근 Industrial Accident Prevention: A Scientific Approach』이라는 책에서 언급되었다.

　하인리히는 미국의 트래블러스 보험회사(Travelers Insurance Company)에서 '엔지니어링 및 손실 통제'에 관련된 부서에 근무하고 있었다. 그는 업무상 수많은 사고 통계를 접하게 되는데, 산업 재해 사례들을 분석하는 가운데 통계적 법칙 하나를 발견하게 된다. 산업재해가 발생하여 '사망자와 중상자'가 1명이 나오면, 그 전에 같은 원인으로 발생한 '경상자'가 29명이 나온다는 것이다. 또 그전에 같은 원인으로 부상 당할 뻔한 '잠재적 부상자'가 300명이나 있었다는 사실이다.

이 때문에 그는 이 법칙을 '1:29:300의 법칙'이라고 불렀다. 큰 재해와 작은 재해 그리고 사소한 사고의 발생 비율이 '1:29:300'이라는 것이다.

아무리 큰 사고일지라도 그것이 우연히 또는 어느 한순간에 예고 없이 갑작스럽게 발생하는 것이 아니라는 것이다. 이미 그 이전에 그 사고와 같은 이유로 "아이고, 큰일 날 뻔했네!"라는 300건 정도의 잠재적 부상자가 있었고, 실제로 그 사고와 같은 이유로 "이만하길 다행이지."라는 29번의 경미한 사고들이 그 이전에 있었다는 것이다.

이 '하인리히 법칙'을 정리하자면, "큰 사고가 일어나기 전, 1) 다수의 징후들(300번의 잠재적 위험, 29번의 경미한 사고)을 통하여 이미 충분한 경고가 있었고, 2) 이때 대책을 마련하지 않으면 결국 큰 사고라는 실제 상황이 발생하므로, 3) 그 이전 다수의 징후 경고들에 예민해야 큰 사고를 미연에 방지한다."라는 것이다.

결론적으로 말하면 큰 사고는 항상 작은 사고들을 경시하고 방치할 때 발생한다는 것이다. 우리의 실생활에 시사해 주는 바가 매우 크다. 하나는 '준비'이다.

예수께서 하나님 나라(천국)에 대해 종합적으로 말씀하신 마태복음 25장은 열 처녀의 비유로 시작된다. 이어 달란트의 비유, 양과 염소의 비유로 이어진다. 이 세 비유의 공통점이 있다. 그것은 '나뉜다'는 것이다. 열 처녀의 비유는 슬기로운 다섯 처녀와 미련한 다섯 처녀로, 달란트의 비유는 착하고 충성된 종과 미련하고 악한 종으로, 양과 염소의 비유는 말 그대로 양과 염소로, 주인에 의해 반드시 나눠진다는 것이다. 이것은 하나님 나라는 '누구에게나 열려 있지만 아무나 가는 나라는 아니다.'라는, 즉 기회는 누구에게나 주어지지만 들어가는 자들만 들어가는 곳이라는 것이다.

그 비유 가운데 첫 번째 비유인 열 처녀의 비유를 본다. 전하고 싶은 여러 말씀이 많지만, 가장 핵심은 역시 '준비'이다. 기름을 미리 준비한 자만이 언제 들이닥칠지 모르는 신랑을 영접할 수 있다. '하인리히 법칙', 등잔에 불이 꺼질 수도 있는 상황에 대비해서 미리미리 기름을 준비하는 사람이 되라는 말씀이다. 이것을 혹 다른 말로 하자면 '위기관리 능력'이다.

어느 기업체를 운영하는 장로 한 분을 알고 있는데, 매해 100여명 이상의 직원들을 신규 채용하는 꽤 잘 나가는 중소기업체 사장이다. 하루는 점심 식사를 같이하면서 물었다.

"장로님은 매해 직원들을 무슨 기준으로 신규 채용하십니까?"

이때 돌아온 대답이다.

"목사님, 위기관리 능력입니다. 다들 웬만큼 스펙들은 다 갖추었기 때문에 평상시에는 능력이 나타나 봤자 거기서 거기, 별 차이가 없습니다. 그런데 실제로 위기가 닥칠 때 능력의 진가가 나타납니다."

항상 위기가 닥칠 때를 위해서, 언제 들이닥칠지 모르는 신랑을 맞이하기 위해서, 기름을 준비하는 슬기로운 다섯 처녀, 즉 미리미리 평소에 돌발 돌출되는 위기 상황들을 예상할 수 있어야 한다. 그러면서 그 솔루션을 씨름하고 고민하면서 준비하는 사람들은 슬기로운 다섯 처녀와 같은 사람들이다.

다른 하나는 '회개'이다. 회개는 고치는 것이다. 내 지식과 경험과 돈, 내 명예와 권력과 힘에 고집과 아집이 들어가면 웬만해서는 고쳐지지 않는다. 닭이 우는 세 번의 소리만 듣고 예수가 하신 말씀이 떠오르는 영적 민감함, 떨어지는 낙엽을 바라보며 인생의 끝과 영생의 시작을 바라보는 영적 예민함이 있어야 한다. 자녀들을 통하여, 지인들을 통하여, 말씀과 찬송과 기도와 봉사와 예배 가운데 전해지는 가벼운 찔림에도 반응할 수 있어야 한다. 못할 때 결국 회초리로, 회초리로 안 되면 몽둥이로, 몽둥이로 안 되면 결국 큰 재앙이 이어지게 된다. 이 모두 영적 무감각 때문에 생기는 불필요한 징계들이다.

작은 떨림에도, 회초리의 따끔함에도 곧바로 반응하는 영적 예민함으로 깨어 있어야 한다. 이제 연말을 보내고 또 새해를 맞는다. 뭐, 새해라고 작년과 그리 크게 달라질 게 있겠는가?

다만 새해를 맞는 내가 작년보다 조금 더 성숙해진다면, 아마 새해는 나에게 더 나은 나날들이 이어지게 될 것이다. 새해에는 영적으로 깨어, 가던 길 잠시 멈추어 서서(매우 자주 "STOP", 점검) 스스로를 돌아보며(매우 자주 "CHECK", 회개) 항상 옷매무새를 다듬고 간다면, 분명 소망과 기대와 꿈으로 가득 찬 한 해가 될 것이다.

나는 침묵하지 않는다

세계 최초의 여성 종군기자인 오리아나 팔라치. 헨리 키신저, 빌리 브란트, 무아마르 알 카다피, 야세르 아라파트, 인디라 간디, 구엔 반 티우, 골다 메이어, 덩샤오핑, 줄피카르 알리 부토 등등 수많은 권력자의 잘못을 직설적으로 파헤치는 인터뷰로 유명한 기자이다.

1929년 이탈리아 피렌체에서 태어난 그녀는 어린 시절 부모를 따라 무솔리니의 파시스트 독재정권에 항거하는 레지스탕스 운동에 참여했고, 이를 통해 깨달은 인간의 자유와 존엄성의 가치를 평생의 신념으로 삼아왔다.

그녀는 헨리 키신저 전 미국 국무장관으로부터 '베트남 전쟁은 어리석은 전쟁'이었다고 자백하게끔 하여 그가 평생을 두고 오리아나 팔라치와 인터뷰한 것을 후회하게 했다. 멕시코 반정부 시위에서는 민간인을 향해 발포하는 정부군의 총에 맞아 병원에 있으면서, 멕시코 정부의 잔혹한 폭력에 관한 기사를 정리하는 그녀에게 멕시코 경찰이

기사를 막기 위해 찾아왔다. 그러나 그녀는 당당히 말했다. "내 입을 막으려면, 내 혀를 잘라야 할 겁니다."

그녀의 독특한 인터뷰 스타일은 컬럼비아 대학에 '팔라치 스타일 인터뷰'라는 과목이 생길 정도로 유명했다. 강한 자에게도 굴하지 않고 자신의 신념을 지키는 사람을, 다른 사람들은 영웅으로 추대한다. '오리아나 팔라치'가 상대했던 이들은 세계 최강의 권력을 가진 강자들이었다. 그런데도 그 앞에서 그들의 잘못을 말할 수 있는 그녀는, 어쩌면 영화에 나오는 슈퍼히어로보다 더 굉장한 영웅일지도 모른다. (퍼온 글)

"역사는 이렇게 기록할 것이다. 이 사회적 전환기의 최대 비극은 악한 사람들의 거친 아우성이 아니라, 선한 사람들의 소름 끼치는 침묵이었다고…"라고 마르틴 루터 킹은 말한다. 이 시대를 바라본다. 주변을 돌아본다. 자기보다 강한 자들에게는 비굴해지고, 자기보다 약한 자들에게는 군림하려는 사람들이 의외로 많다. 누구나 조금은 그러고 싶은 마음이 스멀스멀 올라오기도 한다. 피조물의 죄 된 본성이요, 한계가 아닐 수 없다.

나도 예외가 아니기에 자기 관리 차원에서 평소 좋아하는 탈무드의 한 구절을 시간이 날 때마다 되뇌곤 한다. "참된 지자는 모든 사람에게서 배우는 사람이요, 참된 강자는 자신과 싸워 이기는 사람이요, 참된 부자는 가진 것에 대하여 감사하는 사람이다."

사람들은 자기가 많이 알면 알수록 남들을 가르치려고 한다. 도무지

배우려고 하지 않는다. 사람들은 작은 힘이라도 손에 쥐게 되면, 그 힘을 사용하여 남들을 이기려고만 든다. 그러고는 그 힘에 도취되어 자신을 돌아보지 않는다.

사람들은 내게 없는 것을 바라보며 불평하곤 한다. '조금 더'라는 끝없는 욕망으로 브레이크 없이 달려간다. 그러나 성숙한 인격과 신앙을 가진 성도들은 달라야 하고, 다르기도 하다. 많이 알면 알수록 겸손히 배우려고 한다. 힘이 생길수록 나 자신과 싸워 남용을 막는다. 비록 없고 부족해도 오히려 있는 것들을 바라보며 감사한다. 정말 이렇게 '사람'과 '성도'는 다른 것이다.

하나님은 '사람들'을 부활하신 예수 그리스도의 몸인 교회 안으로 부르셔서, 성령의 주도 아래 말씀으로써 '성도'로 변화시켜 나가신다 (고린도전서 1:2). 성도는 진리로 거짓을 드러낸다. 성도는 빛으로 어둠이 사라지게 한다. 성도는 사랑으로 미움을 몰아낸다. 성도는 겸손으로 교만을 꺾는다. 성도는 나눔과 섬김으로 욕망과 탐욕을 잠재운다. 성도는 상생과 공존의 신앙으로 하나 되는 공동체를 추구하며 '개인주의, 취미·성향·지연·학연·혈연·부처·인종·문화 등등의 집단 이기주의'를 잠식해 간다.

이런 변화된 성도들이 모여 교회를 구성한다. 교회는 '부활하신 그리스도 예수의 몸'이기에, 있는 그곳에서 예수가 하셨던 일들을 이 시대에 재현(Re-presentation)해야 한다. 특히 가난하고 약하고 힘없고 소외당하는 사회적 약자들을 보호하고 보살피며, 강자들의 횡포를 막아서야 한다. 성도인 우리는 '걸어다니는 교회'이다. 이렇게 '개인성화'와 '사회성화'는 함께 가야 한다.

매년 1월 셋째 주 월요일은 미국인들에게는 매우 특별한 날이다. 올해(2019)는 1월 21일이었는데, 바로 'Martin Luther King Day'이기 때문이다. 개인의 탄생일이 국가 공휴일로 지정되어 전 국민이 그의 삶을 반추하는 영광을 얻은 사람은, 미국의 초대 대통령인 조지 워싱턴과 마르틴 루터 킹 목사 단 둘뿐이라고 한다. 마르틴 루터 킹 목사가 미국인들에게 어떤 의미인지 쉽게 추측할 수 있는 대목이다.

이런 의미 있는 날에 필자는 뉴욕주 나소 카운티에서 주관한 '제34회 마르틴 루터 킹 인권상'을 수상했다. 위원회는 "필자와 필자가 섬기는 교회가 지역사회 안에서 지속적으로 한국문화를 알리며, 동시에 다민족과 다문화와의 상호 교류를 통해 상생 공존하는 인종 화합과 인권운동에 기여해온 공로로 수상자가 되었다."라고 선정 이유를 밝혔다.

필자는 이 상이 개인적으로 지역사회에서 그간의 노력을 인정해 준 매우 가치 있는 화답이라고 생각한다. 그러면서 기대해 본다. 이 땅의 성도들과 교회가 각기 있는 그 자리에서 '개인성화와 사회성화'를 위해 기도하며 애쓰고, 다민족 다문화와 서로 연대하여 그 지경을 넓혀 나간다면, 이 땅 위에 공의가 하수같이 흐르는 차별 없는 하나님 나라가 든든하게 세워져 가리라고. 사회가 교회를 걱정하던 시대를 뒤로 하고 사회 변혁을 이끌고 가는 'Sign Church'가 되리라! 2019년도를 희망하고 기대하고 꿈꿔본다.

골수가 찔러 쪼개질 때까지

"하나님의 말씀은 살아 있고 활력이 있어 좌우에 날 선 어떤 검보다도
예리하여 혼과 영과 및 관절과 골수를 찔러 쪼개기까지 하며..."
(히브리서 4:12)

우스갯소리가 있다. 북한이 남한을 쳐들어오지 못하는 이유가 남한
에 '중 2생들'이 있기 때문이라는 것이다. 그만큼 중학교 2학년생이
무섭다는 것이다. 사춘기인데 전보다 더 이유 없이 반항적이고, 누구
얘기도 들으려 하지 않는, 독선적이고 어제까지 천사였는데 오늘
아침에 갑자기 이상한 애가 내 앞에 서 있더란다. 무서운 '중2, 8학년'이
란다.

이렇게 무서운 중2, 8학년 딸에게 미국에서 목회하는 어느 목사님이
감히 권면을 한다. 그렇게 행동하면 안 된다고 하자, 그 딸아이가
말한다.

"아빠, 누구나 everybody 다 그렇게 해요."

그러자 아빠 목사님이 타이른다.

"얘야, 넌 누구나 everybody가 아니야, 넌 하나님의 딸이야!"

참 가슴이 뭉클한 이야기이다.

"얘야, 넌 누구나 everybody가 아니야, 넌 하나님의 딸이야!"

이 아빠의 말처럼, 우리도 'Everybody'가 아니다. 우리는 '하나님의 거룩한 백성, 하나님의 자녀들'이다.

'거룩'이라는 말이 무엇인가? '구분되다'라는 말이다. 우리는 세상에 있지만, 그 가운데서 구분된 '하나님의 백성이요, 자녀들'이다. 그리고 그렇게 구분된 하나님의 백성과 자녀들이 모인 공동체가 '교회'이다. 그러므로 교회는, 성도는, 세상의 문화와 풍조에 휩쓸리거나, 동화되거나, 타협하거나, 변질되지 않고 그들과는 구분된 말씀의 거룩성, 기도의 거룩성, 찬양의 거룩성을 잘 지켜나가야 한다.

우리는 지금 사순절을 보내고 있다. 사순절의 핵심은 '회개'이다. 회개는 나를 스스로 고치는 것이다. 하나님 말씀에 나를 올려놓는 것이다. 삐쭉삐쭉 나온 부분들은 스스로 깎아낸다. 움푹움푹 들어간 부분들은 채워 넣는다. 그렇게 하면서 나를 내려놓고, 나를 하나님 말씀에 맞춰 나가는 것을 '회개'라고 한다. 회개는 '찔림'이다.

보언 리즈가 쓴 『중국의 예수 가족 공동체 교회 이야기』(부흥개혁사, 2005)에 나오는 이야기이다.

중국 지하교회, 예수 가정교회 지도자였던 칭 틴엔 씨. 그는 중국 개화기의 청년으로서 뿌리 깊은 유교 전통을 가지고 있던 사람이었으나, 선교사가 운영하는 학교에서 공부하면서 예수를 믿게 되었다.

예수를 믿게 되면서 그는 심한 양심의 가책을 느끼게 되었다. 그가 버린 아내 때문이었다. 사랑하는 마음도 없이 부모님의 뜻에 따라 결혼했던 아내는 중국 고대의 악습인 전족을 할 정도로 구식 여인이었다. 시대 감각도 맞지 않고 평생 함께 살 수는 없다고 생각하여 집으로 돌려보냈다. 그런데 성령께서 "네 아내를 사랑하라"(엡 5:25)는 말씀을 주셨다.

성경에는 "아내가 예쁘거나, 영리하거나, 착하거나"라는 단서가 없었다. 계속 "네 아내를 사랑하라."라는 말씀이 그를 찌르고, 또 찔렀다. 그는 무척 괴로워하다가 결국 그 말씀에 복종하여 회개하게 되었다.

"하나님, 아내를 사랑하라고 하시니 내가 그렇게 하겠나이다."

칭은 아내의 집에 찾아가 용서를 빌었다. 그리고 함께 집으로 돌아오려고 했으나, 아내는 발을 꽁꽁 묶은 전족 때문에 20km가 넘는 길을 걸을 수가 없었다.

그때 칭 틴엔은 당시 중국인으로서는 감히 상상하지 못할 일을 했다. 아내를 업은 채 집에까지 걸어갔던 것이다. 마침내 집의 문턱을 넘는 순간, 칭과 그의 아내는 성령의 기름 부음을 받았다.

1920년의 일이었다.

그 후 아내는 칭의 가장 훌륭한 동역자가 되었고, 이들 부부를 통하여 중국의 지하교회는 초대교회처럼 왕성해지기 시작했다. 칭틴엔의 영혼에 말씀이 들어가니, 아내를 다시는 데리고 와서 살고 싶지 않았던 '인간적인 마음'이 계속 찔림을 받았던 것이다. '찔림—회개'이다.

구약성경에 보면 다윗은 오랜 세월 동안 사울 왕의 위협 속에서 살았다. 엔게디 광야에서 사울 왕을 죽일 수 있는 절호의 기회가 있었지만, 사울 왕은 하나님이 기름 부으신 자였기에 자기감정에 따라 그를 죽일 수는 없었다.

"자기 사람들에게 이르되 내가 손을 들어 여호와의 기름 부음을 받은 내 주를 치는 것은 여호와께서 금하시는 것이니 그는 여호와의 기름 부음을 받은 자가 됨이니라." (사무엘상 24:5)

이렇듯 사울 왕을 죽일 수 없었던 다윗은 사울 왕의 겉옷 자락을 가만히 베었다.

성경은 그 장면을 사무엘상 24장 6절에서는 "그리한 후에 사울의 옷자락 벰으로 말미암아 다윗의 마음이 찔려"라고 말한다.

하나님이 기름 부으신 자이기에 사울을 죽일 수 있는 절호의 찬스에도 죽이지 않고, 그의 옷자락만 조금 베었는데도, 그것이 다윗의 마음을 찔렀다는 것이다.

이때 나오는 '찔려'라는 단어의 원어는 '나카'인데, 영어로는 'Beat,

곧 치다, 두드리다'라는 의미이다. 하나님이 다윗의 마음을 계속 치고 두드리신 것이다. 자기가 하고 싶은 대로, 자기감정대로, 제멋대로 하지 못하도록 하나님은 다윗의 마음을 막 치고 두드리시며 막았던 것이다.

그러나 오늘날 많은 사람이 '이 찔림, 이 두드림'에 무감각해져 있다. 그래서 자기가 하고 싶은 대로, 자기감정대로, 제멋대로 생각하고, 마음먹고, 말하고, 행동한다. 그러면서 '세상 사람들도 다 그런데…' 하면서 자기 자신을 정당화하고 합리화한다. 죄에 대해 너무 '무감각'해져 있다. 말씀이 살아 있어야 하는데, 온통 내가 살아 있는 것이다.

세상의 타락한 문화와 풍습이 거대한 강물이 되어 휘몰아치듯 흘러가는 이 세대에, 나의 마음과 생각과 영혼을 치고 두드리는 '나카, 찔림'이 없다는 것이다. 결국 '죽어가는 영혼', '죽은 영혼'이 되고 말았다. 이렇듯 오늘 우리는 죄에 대해 무감각해져 있는 시대를 살고 있다.

우리는 개구리 죽이는 방법을 너무나 잘 알고 있다. 개구리를 냄비에 넣고 뚜껑을 닫는다. 그리고 온도를 조금씩 차츰 높이는 것이다. 처음에는 뜨겁지 않다. 오히려 따뜻해져 온다. 아주 릴렉스하다. 조금씩 온도를 높이는데도 뜨겁지가 않다. 오히려 따스하고 기분이 좋기만 하다. 서서히 잠이 든다. 그러다가 정말 따스하게, 기분 좋게 서서히 죽어가는 것이다.

우리도 이렇게 찔림이 없이 기분 좋게 따스하게 서서히 죄에 물들어 가면, 나도 모르게 결국 '사망'에 이르고 말 것이다. '죄'에 익숙해진다는 것이, 찔림이 없다는 것이 이렇게 무서운 일이다.

찔림이 있어야 한다.

말씀도 보지 않고, 기도도 하지 않고, 예배도 드리지 않고, 봉사도 하지 않는데 어떻게 편안할 수 있겠는가? 기도하지 않으면 막 답답해서 미칠 것 같아야 하지 않겠는가? 말씀을 듣지 않고 보지도 않으면, 무엇인가 마음을 꽉 누르는 것같이 갑갑해야 하지 않겠는가? 예배드리지 않으면 일주일 내내 마음이 불편해져야 하지 않겠는가? 봉사하지 않으면 괜히 마음이 허전해서 이리저리 안절부절하지 못해야 하지 않겠는가? 그런데 어떻게 이러한 것을 행하지 않으면서도 아무렇지 않을 수 있는 것인가?

왜? 찔림이 없으니까, '죄'에 대해 무감각해져 있어서 그런 것이다. 그러니 '찔림'이 있어야 한다. '죄'에 대한 감각이 예민하게 느껴져야 한다.

하나님의 말씀이, 찬양이, 기도가, 예배가 나를 찔러야 한다. 그래서 신앙 생활하면서 좀 불편해져야 한다. '조금 더 열심히 할 걸…' 하는 마음이 들어야 한다.

신앙은 편한 게 아니다. 그런데 편한 신앙을 강조하는 편한 교회들이 있다. 또 그런 교회들을 찾아가는 성도들이 많은 것도 사실이다. 생활이 어떻든, 기도하든 하지 않든, 말씀을 보든 보지 않든, 헌금을 하든 하지 않든 전혀 상관하지 않는다. 개인 생활은 전혀 간섭하지 않는다. 믿음으로 사는 일을 강조도, 강요도 하지 않는다. 아무런 간섭도 받지 않으면서 그냥 교회만 다니면 되는 것이다. 아무런 제약이, 간섭이 없으니 참 편하기는 할 것이다.

자기가 편하다고 해서 과연 이것이 성경에서 말씀하는 교회인가? 참다운 신앙인가? 성경을 보면 그것이 아님은 확실하다. 교회 다니면서 하나님 말씀 앞에서 내가 그렇게 살지 못해 죄송해야만 한다. 참 힘들지만 나를 포기할 줄도 알아야 하고, 좀 어렵지만 내가 손해 볼 줄도 알아야 하고, 도저히 하기 싫지만 내가 해야만 할 일도 있는 것이다. 그리고 반대로, 내가 하고 싶어도 하지 말아야 하는 일들도 많이 있다. 그렇게 살지 못할 때 갖는 '거룩한 부담'도 가져야 한다. 신앙생활은 좀 이렇게 불편함을 느끼면서 가져야만 하는 것이 아니겠는가.

하나님은 이렇게 나를 사랑하시기 때문에 좀 불편하도록 나를 찌르신다. 무엇을 갖고 나를 찌르시는가? 그것은 바로 성경 말씀이다. 하나님은 말씀으로 나를 찌르신다.

"하나님의 말씀은 살아 있고 활력이 있어 좌우에 날 선 어떤 검보다도
예리하여 혼과 영과 및 관절과 골수를 찔러 쪼개기까지 하며..."
(히브리서 4:12)

이렇게 하나님이 말씀으로 나를 찌를 때, 사도행전 2장 37절에서 말씀하듯이 "베드로의 이 말을 듣고 사람들은 마음이 크게 찔렸다." 이렇게 찌르는 '나카'가 있을 때 사람들은 두 가지로 반응한다.

1) 베드로의 군중들이다

"그들이 이 말을 듣고 마음에 찔려 베드로와 다른 사도들에게 물어 이르되 형제들아 우리가 어찌 할꼬 하거늘."(사도행전 2:37)

여기서 '찔려'는 '나카', 다윗의 마음이 '찔려'와 같은 단어인 '나카'이다. 하나님이 나를 말씀으로 찌르실 때, 베드로의 군중들은 어떻게 반응했는가?

"우리가 어찌할꼬?"

이 말은 군중들이 한 말로서 "우리가 어찌해야 살까?"라는 말이다. 그때 베드로가 말한다.

"너희가 회개하여 각각 예수 그리스도의 이름으로 세례를 받고 죄 사함을 받으라 그리하면 성령의 선물을 받으리니… 또 너희가 이 패역한 세대에서 구원을 받으라 하니."(사도행전 2:38-41)

베드로가 한 말을 도식화하면,

'회개'+'세례'+'죄 사함'='성령'+'구원'

이 된다. 여기에서 그 출발점은 '회개'이다. 그리고 이것은 '생명의 길'로 인도한다.

2) 스데반의 군중들

초대교회 일곱 집사 가운데 하나인 스데반의 순교 장면이다.

스데반이 모인 군중들에게 말씀을 전하자 하나님이 말씀을 통하여 그들을 찌르신다. "그들이 이 말을 듣고 마음에 **찔려**"(사도행전 7:54)에서 '찔려'는 다윗의 마음에 '찔려'도 '나카', 베드로의 군중들에게 '찔려'도 '나카', 여기 스데반의 군중들에게 '찔려'도 '나카', 모두 똑같은 단어인 '나카'가 쓰였다.

그런데 스데반의 군중들은 어찌했는가?

사도행전 7장 57절에 의하면 "그들이 큰 소리를 지르며 귀를 막고 일제히 그에게 달려들어 성 밖으로 내치고 돌로 치고 죽였다."

여러분은 성경을 읽다가, 기도하다가, 찬양하다가, 설교를 듣다가 이렇게 하나님께서 말씀을 통하여 나를 찌르실 때, 어떻게 반응하는가? 다윗처럼, 베드로의 군중들처럼, "내가 어찌할꼬?" 하며 생명의 길을 찾는가? 아니면 스데반의 군중들처럼 큰 소리를 지르며 길길이 날뛰는가?

목회를 하다 보면 자기가 찔렸을 때, 괜히 심통 부리는 사람들이 있다. 누가 시험에 들게 한 것도 아닌데, 스스로 시험에 들고, 실족하는 사람들이 있다. 자기가 시험에 들고 실족한 것을, 괜히 목사 탓으로, 장로 탓으로, 교회 탓으로, 다른 사람 탓으로 돌리곤 한다. 그런데 시험에 들고, 실족하는 것은 자기 욕심에 끌려 스스로 미혹되어 그렇게 되는 것이다.

자기 욕심이란? 자기가 자기를 주장하는 것이다. 이와 관련된 것을 성경에서 찾아보면, 야고보서 1장 14절에 "오직 각 사람이 시험을 받는 것은 자기 욕심에 끌려 미혹됨이니…"라는 구절이 나온다. 그러니 우리는 이렇게 스스로 자기 욕심에 끌려 시험에 들지 않기 위해 기도해야 한다.

또 누가복음 22장 46절에는 "시험에 들지 않게 일어나 기도하라 하시니."라는 말씀이 있다. 이 말씀은 기도하지 않으면 시험에 든다는 것이다. 대부분 시험에 드는 사람들을 보면 기도를 하지 않는 경우가 많다. 결국 시험의 출발은, 실족의 시작은 '기도하지 않으면'이라는 것이다.

기도하지 않으면 — 영이 잠들거나 죽어 — 찔림, 나카를 느끼지 못하고 — 그러니 회개하지 못하고 — 결국 시험에 들게 된다.

이것이 '성경의 공식'이다. 바로 스데반에게 돌 던지는 군중들이 그렇게 했던 것이다. 하나님이 말씀을 통하여 스데반의 군중들을 찌르실 때, 자기가 자기를 주장하는 자기 욕심에 끌려, 결국 회개하지 않고 돌을 들어 스데반을 죽였던 것이다.

죽일 때 어떻게 했는가?

1) 그를 향하여 이를 갈거늘, 2) 그들이 큰 소리를 지르며,

3) 귀를 막고, 4) 일제히 그에게 달려들어, 5) 성 밖으로 내치고 돌로 치고 죽였다.

그러나 우리는 하나님이 말씀을 통하여 나를 찌를 때, 군중들이 스데반에게 '그를 향하여 이를 갈거늘…'이라고 했던 것처럼 해서는 안 될 것이다. 우리는 마땅히 하나님의 말씀을 사모해야 한다.

'그들이 큰 소리를 지르며 귀를 막고…'라고 했던 것처럼 할 것이 아니라, 귀를 열어 한 말씀이라도 더 집중해서 들어야 한다.

'일제히 그에게 달려들어 성 밖으로 내치고 돌로 치고 죽였다.'라고 했는데, 우리는 그렇게 해서는 안 될 것이다. 도리어 그 말씀이 더 많은 사람에게 전해지도록 기도하고 도와야 할 것이다.

사실, 말씀이 나를 찌를 때가, 바로 그 순간이 분명 "하나님의 은혜이다." 이것을 깨닫고, 느낄 수 있는 성숙한 신앙인이 되어야 한다.

「벤허」는 단연 오늘날까지 제작된 명작 중의 명작이라고 불리는 영화 중 하나이다. 이 영화의 작가인 루 월리스(Lew Wallace, 1827~1905)는 장군이자 수필가였다. 철저한 무신론자였던 월리스는 성경의 허구성을 철저하게 파헤쳐서 성경의 이야기가 허무맹랑한 거짓임을 밝히고, 예수를 믿는 이 불쌍한 인류를 신에게서 해방시키겠다고 결심한다.

이를 위해 그는 가장 먼저 기독교의 기초가 되는 성경을 자세히 읽어서 거짓된 내용을 찾아내기로 하고, 성경을 읽고, 또 읽고, 또 읽어 내려갔다.

성경을 '한 번, 두 번' 읽는다. 동정녀 탄생, 죽은 나사로가 다시 살아난 사건, 부활, 천지 창조 등 믿기 어려운, 믿을 수 없는 대목들을 왕창 찾아낸다. 그것을 바라보며 '그러면 그렇지!' 하며 기분이 으쓱해진다.

그리고 또 성경을 '세 번, 네 번, 다섯 번' 읽는다. "아니, 이건 사실이 아닌데…" 하면서도 이상하게 고개가 갸우뚱해진다. 그리고는 성경을 열두 번째 읽는다. 이상하게 말씀이 그를 계속 찌른다. '나카'이다. 하나님이 말씀을 통하여 그를, 월리스를 '나카', 찌르시는 것이다.

그가 예수를 부정하려고 하면 할수록 그의 양심은 "아니야, 그렇지 않아. 예수는 하나님의 아들이고, 성경은 진리야"라고 부르짖게 되는 것이다.

결국 월리스는 성경을 열두 번째 읽으면서, 부인할 수 없는 하나님 말씀 앞에서 무릎을 꿇고 고백한다. "당신은 나의 주, 나의 하나님이십니다!"라고 부르짖는다. 그러고는 마침내 살아계신 주님을 만났다.

하나님께서, 예수님께서, 성령님께서 말씀을 통하여 월리스를 찌르셨던 것이다. '나카'이다. 그는 이를 갈며, 큰 소리를 지르고, 귀를 막으며, 일제히 달려들어, 성 밖으로 내치고 돌로 쳐 죽인 스데반의 군중이 아니었다. 그는 "이제 내가 어찌할꼬"를 묻는 베드로의 군중이었다.

이제 그는 기독교를 비판하려고 들었던 펜을 꺾고 만인의 심금을 울리며 많은 사람을 예수께로 인도한 불후의 명작 『벤허』를 쓰게 되었다.

분명히 바라본다.

월리스에게 하나님이 누구이신가, 예수님이 누구이신가, 성령님이 누구이신가를 알려준 사람은 아무도 없었다. 오히려 주변 무신론자들은 기독교를 파괴하는 베스트셀러를 써서 돈을 벌라고 유혹했다. 그러나 그는 성경 말씀을 보다가 전혀 다른 모습으로 변형된 것이다.

하나님이 성경을 통하여 월리스에게 직접 말씀하신 것이다.

히브리서 4장 12절의 "하나님의 말씀은 살아 있고 활력이 있어 좌우에 날 선 어떤 검보다도 예리하여 혼과 영과 및 관절과 골수를 찔러 쪼개기까지 하며…"라는 말씀처럼, 『벤허』는 월리스가 말씀을 보고, 읽고, 듣는 가운데 일어난 사건으로 쓰인 것이다.

하나님께서 말씀을 통하여 우리의 마음을 찌르신다. '나카'하고 계신다. 이때 우리는 다윗처럼, 베드로의 군중들처럼 '회개'해야만 한다. 거기에 생명과 구원의 길이 있기 때문이다.

'순교 증후군'이라는 말이 있다. 나를 마구잡이로 흔드는 주님의 말씀, 메시지를 막는 것은 다름 아닌 '나'라는 사실이다. 주님의 말씀은, 메시지는 힘이 있고 능력이 있는데, 내가 막고 있다는 것이다.

왜? 말씀이, 메시지가 내 인생 안에 들어오는 것이 두렵기 때문이다. 왜 두려운가? 말씀이, 메시지가 내 존재를 진동시키고, 내 영혼을 뒤흔들어 놓으면, 더 많은 예배, 더 많은 말씀, 더 많은 기도, 더 많은 봉사와 헌신, 더 많은 헌금, 더 많은 전도와 선교를 해야 하기 때문이다. 바로 이렇게 하기가 두려워서 말씀이, 메시지가 나를 뒤흔드는 것을 원하지 않고, 나를 찌르고 들어오는 말씀을, 메시지를 무의식적으로 막는다는 것이다.

누가? 바로 내가? 이것을 '순교 증후군'이라고 부른다.

여러분들 중 혹시 이런 분들이 계시지는 않는가? 만약 계시다면 주의 말씀은 힘이 있는데, 마귀에게 속아 내가 주의 말씀을 막고 있는 것이다. 우리가 영적으로 깨어 신앙생활을 정말 잘할까 봐 겁먹는 마귀에게 속지 말아야 한다. 과감히 말씀이, 메시지가 나를 더 찌르고, 찌르고, 깊이 찔러, '나카', 회개하며 나를 향하신 하나님의 뜻에, 나를 향하신 하나님의 계획에 '할렐루야! 아멘!' 하며 힘있게 나아가야 한다.

하나님은 오늘도 우리에게 말씀을 통하여 말씀하신다. 말씀으로 우리를 '나카', 찌르고 계신다. 이때 우리는 스데반의 군중들이 아니라, 베드로의 군중들이 되어야 한다. "우리가 어찌할꼬" 하며 '회개'해야 한다. 그리고 '찔림'을, '회개'를 즐겨야 한다. 시도 때도 없이 회개해야 한다. 심각하게 생각하지 않아도 된다.

저녁 잠자리에 들기 전에 그냥 찜찜한 게 있으면 회개 거리라 생각하고 회개하면 된다. 일하다가도 문득문득 떠오르면 그냥 회개하면 된다. 그 사람을 보면서 회개 거리가 생각나면 그냥 회개하면 된다.

회개는 기쁨이요, 회개는 축복이다!

겨자씨, 그리고 생명의 증거

"또 가라사대 우리가 하나님의 나라를 어떻게 비하며 또 무슨 비유로
나타낼꼬 겨자씨 한 알과 같으니 땅에 심길 때에는 땅 위의 모든
씨보다 작은 것이로되 심긴 후에는 자라서 모든 나물보다 커지며
큰 가지를 내니 공중의 새들이 그 그늘에 깃들일 만큼 되느니라."
(마가복음 4:30-32)

경남 산청의 작은 마을이 있었다. 그곳에서 초등학교를 졸업한
한 학생이 대구의 중학교로 가게 되었다. 어려운 가정 형편에 대구까지
학교를 보내는 것은 쉬운 일이 아니었지만, 아버지는 자식의 앞날을
위해 기꺼이 그리 결정했던 것이다. 하지만 아들은 공부에 전혀 관심이
없었다. 아들은 68명 중에 68등이라는 성적표를 받은 것이었다.

아버지의 실망을 견디지 못할 것 같아 아들은 성적표의 68등이라는
숫자를 1등으로 고쳐 아버지에게 가져다드렸다. 하지만 어설픈 거짓말

은 뜻밖의 일로 번졌다. 아버지는 자식의 1등을 축하한다고 재산 목록 1호인 돼지를 잡아 마을 잔치를 연 것이다. 아들은 자신의 거짓말 때문에 가장 큰 재산이었던 돼지를 아낌없이 포기한 아버지의 모습을 평생 죄책감으로 마음에 담고 살아야 했다.

그 이후 이 아들은 아버지를 실망시키지 않기 위해 정말 열심히 공부하기 시작했다. 그리고 아들은 박사가 되고, 대학교수가 되고, 대학교 총장이 되었다.

아들에게 아이가 태어나고 그 아이가 중학생이 된 어느 날, 아들은 아버지에게 조심스럽게 말했다.

"아버지, 저 중학교 1학년 때 1등은요…"

아버지는 아들의 말을 막았다.

"알고 있었다. 그만해라. 손자가 듣는다."

경북대학교에서 총장을 역임했던 박찬석 박사의 이야기이다. 자식의 뻔한 거짓말에도 묵묵히 기다려주신 아버지의 마음은 과연 어떤 것일까? 시골 가난한 집에서 농사짓고 돼지를 기르던 아버지는 이미 알고 계셨던 것이다. 자식은 부모의 기대와 믿음의 크기만큼 성장한다는 것을 말이다.

나는 이 이야기, 경북대학교 박찬석 박사의 고백을 듣고 가슴에 큰 진동을 느꼈다. 그 이유는 단 하나! 육신의 아버지도 이렇게 자식에게는 기대가 크고, 자식은 아버지의 기대와 믿음만큼 성장한다는데, 하물며 우리일까 보냐?

하나님 아버지가 당신의 백성이요, 자녀요, 종들인 저와 여러분들에게 거는 기대가 얼마나 클까? 과연 우리도 하나님 아버지의 기대와 믿음만큼 성장하고 있는 것일까를 스스로 물어본다.

오늘 이 시간, 하나님이 여러분들을 향하신 기대를 예수께서 제자들에게 말씀하신 '겨자씨 한 알' 안에서 찾아본다. 과연 우리는 어떻게 하나님의 기대에 부응해야 하는가? 그래서 시작하신 이야기가 바로 '겨자씨 한 알에 담긴 꿈 이야기'이다.

예수께서 오늘 우리에게 말씀해 주고 있는 하나님의 첫 번째 기대는, '작다는 것을 부끄러워하지 말라.'는 것이다. 조그만 나라에서 태어나서 그런지 몰라도 우리 한국 사람들처럼 유달리 큰 것을 좋아하는 민족도 드물 것이다. 우리나라 국가명이 무엇인가? 세계에서 우리나라 국가명처럼 위대한 국가명은 없는 것 같다. '대한민국', 그런데 그냥 대한민국이 아니라 '대~한 민국'인 것이다.

한국의 모든 길을 보면 다 대로이다. 양재대로, 강남대로, 올림픽대로 등등… 다리를 놓아도 다 대교이다. 반포대교, 올림픽대교, 성수대교 등, 모두 대교이다. 우리는 작은 것들을 비하하는 경향이 있다. 개인적으로는 자꾸만 작다는 것을 감추려 하고, 작다는 것에 자존심 상해하고, 작다는 것을 부끄러워하고, 사회적으로도 작다는 것을 무시하는 경향이 있다. 그러나 오늘 예수는 다 자라버린 큰 나무를 바라보며 하나님의 기대를 말씀하시는 것이 아니다.

오히려 가장 작은 겨자씨 한 알을 놓고 하나님의 기대를 말씀하시는 것이다. 정말 겨자씨는 작다. 크기는 1mm 정도, 무게도 1mg 정도 되는 아주 작은 씨앗이다. 아무리 큰 나무일지라도 처음부터 큰 나무가 된 것은 아니다. 아무리 큰 나무일지라도 모두 다 작은 씨앗으로부터 시작된다. 비록 우리가 오늘은 겨자씨일지라도 뻗쳐나가 큰 나무가 될 것이기에 절대 부끄러워하지 말아야 한다. 오늘 우리의 현실인 겨자씨가 내 인생의 전부가 아니기 때문이다. 우리에게는 더 마음껏 뻗어나갈 내일이 있기 때문이다.

마가복음 4장 26-29절에서는 "또 가라사대 하나님의 나라는 사람이 씨를 땅에 뿌림과 같으니 저가 밤낮 자고 깨고 하는 중에 씨가 나서 자라되 그 어떻게 된 것을 알지 못하느니라 땅이 스스로 열매를 맺되 처음에는 싹이요 다음에는 이삭이요 그다음에는 이삭에 충실한 곡식이라 열매가 익으면 곧 낫을 대나니 이는 추수 때가 이르렀음이니라."라고 말씀하고 있다.

열매를 거둬들이기 위해서는 과정을 거쳐야 한다.

처음에는 싹이다.

그다음에는 이삭이다.

그다음에는 충실한 곡식이 되고

그다음에 추수할 열매가 된다.

모든 것은 다 과정이 있다는 말씀이다.

아이가 태어나자마자 돌도 안 되었는데, 갈빗집에 앉아서 갈비를

턱턱 뜰 수는 없는 노릇이다. 싹과 이삭과 열매로 가는 것이 정상적인 과정이다.

오늘 우리는 작은 겨자씨이다. 비록 우리가 작지만 그리고 너무 작아서 거울에 비친 자기의 모습을 바라보며 부끄러워할 수도 있는 우리에게, 예수는 오히려 전혀 다른 말씀을 해주신다.

— 네가 지금 작은 겨자씨라고? 전혀 부끄러워하지 말라! 당연한 것이다!

— 이제 분명히 그 안에서 싹이 나고, 이삭이 되고, 곡식이 되고, 열매를 맺고, 자라나 큰 나무가 될 것이다.

— 그러니 조금도 작다는 것을 부끄럽게 생각하지 말아야 한다. 그 작은 겨자씨 안에서 큰 나무가 되는 꿈을 꾸라.

오늘 우리가 지금은 비록 작은 겨자씨일지라도, 두려워하거나 부끄러워하거나 초라해하지 말아야 한다. 열등감과 패배주의에 사로잡혀서는 안 된다. 열등감과 패배주의는 하나님이 우리를 향하신 기대와 꿈이 아니기 때문이다.

오히려 예수는 오늘 우리가 비록 작은 겨자씨와 같이 초라하고 미약한 존재일지라도, 분명히 그 작은 겨자씨는 반드시 잘 자라나 큰 나무가 되는 꿈을, 희망을 가지라고 말씀하신다. 이 희망을 잃어버려서는 안 된다. 하나님이 우리를 향하신 기대, 주님이 우리를 향하신 꿈을 꼭 붙잡고 나아가 오늘의 작은 겨자씨인 여러분들이 큰 나무로 자라나기를 축복한다.

예수께서 오늘 우리에게 하신 하나님의 두 번째 기대는, '자라난다.'라는 것이다. 우리 안에 있는 위대한 가능성을 보라는 말씀이다.

주님께서 작은 것을 대표하려는 의도라고 한다면, 겨자씨 말고도 모래알과 같이 더 작은 것도 있다. 그런데 굳이 겨자씨로 말씀하신다. 겨자씨가 모래알하고 다른 게 무엇인가? 그것은 생명력이다. 자라난다는 것이다. 자랄 수 있다는 것은 그 안에 생명이 있기 때문이다. 겨자씨는 아주 작은 것이요, 겨우 눈에도 띌까 말까 한 작은 것이다. 생물학자들의 연구에 의하면 팔레스타인의 겨자씨는 그 크기가 직경이 1mm, 무게가 1mg 정도밖에 되지 않지만, 자라나면 평균 키가 1.5~3m까지 된다고 한다. 1mm의 크기가 1,500~3,000배로 자라난다는 것이다. 예수는 오늘 우리에게 겨자씨 한 알에 담긴 하나님의 기대를 계속 말씀하신다.

"네가 비록 지금은 작고 보잘것없을지라도 부끄러워하지 말거라. 네 가슴 안에 꿈이 있고, 이제 그 꿈을 바라보며 자라나는 생명력이 있다면, 네 인생 안에 가장 위대한 일이 일어날 것이다."

우리에게 "꿈이 자라나 그 꿈이 내일의 현실이 되리라."라는 믿음의 확신을 가지라고 말씀하신다. 어떤 어려움 속에서도 꿈은 자라나고 반드시 열매 맺는다. 왜, 그러한가? 자라나게 하시고 열매를 맺게 하시는 분은 하나님이시기 때문이다.

"그런즉 심는 이나 물 주는 이는 아무것도 아니로되 오직 자라게 하시는 이는 하나님뿐 아니라 아무리 사람이 계획을 세울지라도

모든 것을 경영하시고 이끌어 가시는 분은 살아계신 우리 주 여호와 하나님뿐이시라.”(고린도전서 3:7)

비록 우리 인생이 지금은 불투명하고 어렵다고 할지라도 세상과 사람에게 눈을 돌리면 안 된다. 그러나 그럴수록 우리는 주님만을 더욱더 신뢰해야 한다. 인내로 주께서 주시는 결말을 보아야 한다. 예수를 통하여 1mm가 1.5~3m로 자라나는 내일의 꿈을 보는 눈이 열려야 한다.

여러분들 모두, 하나님의 절대주권을 인정하는 무한신뢰의 신앙을 갖고, 하나님께서 우리 가슴에 심어 주신 꿈과 소망이 반드시 이루어질 것이라는 축복된 내일을 바라보며, 하나님의 기대를 이루는 주인공들이 되기를 축원한다.

예수께서 오늘 우리에게 하신 하나님의 세 번째 기대는, 우리의 꿈이 이웃들에게 축복이 될 것이라는 기대를 가지라는 것이다. 우리의 꿈이, 우리의 성장이, 우리의 변화가 지금은 작지만, 그 꿈이 이루어지는 날에 이웃과 민족과 세상에 축복이 되리라는 기대가 있어야 한다.

예수의 말씀을 보자면 이러한 것이다. 즉 “내가 겨자씨가 자라나 울창한 나무가 되어서 가지를 펼칠 때 새들은 날아오리라. 그들에게 나는 안식처를 제공하리라. 새들로 하여금 노래하게 하리라. 내 주변의 사랑하는 이웃들에게 노래를 주고, 꿈을 주고, 그리고 축복을 나누는 인생, 나는 그런 인생을 기어이 살고야 말 것이다.”라는 기대를 가지라는 것이다. 이것이 바로 하나님이 우리를 향하신 기대이며 우리를 향하신 꿈이다.

세속적인 성공관과 기독교의 성공관은 다르다. 세속적인 성공관은 내가 열심히 살아서 잘 먹고 잘살면 된다. 그러나 기독교의 성공관은 하나님이 나를 축복하셔서 내가 잘되면 내가 그 축복으로 이웃을 섬겨야 한다는 것이다.

학창 시절에 아버님, 어머님으로부터 참 많이도 들었던 얘기가 생각난다. 요즈음도 부모님들께서 그런 말을 하는지는 모르겠으나, 나는 "야, 공부 좀 해라. 배워서 남 주니?"라는 말을 숱하게 들었다. 그런데 이 말이 기독교의 성공관으로는 딱 들어맞는 것 같다. 기독교 신앙관으로는 '배워서 남 주는 것'이기 때문이다.

우리가 공부하는 가장 중요한 목적이 어디에 있는가? 지식을 얻어서 그 지식으로 자기가 치부하고 잘 먹고 잘살기 위해서가 아닌 것은 분명하다. 내가 얻어진 지식으로 겸허하게 인류를 섬기기 위해서, 우리의 이웃들을 섬기기 위해서, 역사를 섬기고, 시대를 섬기고, 민족을 섬기고, 결국 교회를 섬기기 위해서 배우는 것이다.

"야, 열심히 벌어라. 벌어서 남 주니?" 기독교의 재물관으로는 그 말이 딱 맞다. 기독교 신앙은 '벌어서 남 주는 것'이다. 우리가 돈을 버는 중요한 목적이 교회와 이웃과 세상을 섬기기 위한 것이다.

우리는 왜 하나님이 나를 축복하시는가를 이해해야 한다. 왜 축복하시는가? 하나님은 아브라함을 축복하시면서 하나님의 궁극적인 기대를 말씀하셨다. "너는 복의 근원이 되거라."

복의 근원이란 무슨 뜻인가? 축복을 받아서 '누리는 자'가 아니라,

축복을 받아서 다른 사람에게 패스하는 축복의 통로가 되라는, '전달자'가 되라는 말씀이다.

하나님은 여러분들을 향하신 기대와 꿈을 갖고 계신다. 그러니 첫째, 지금 겨자씨같이 작다고 부끄러워하거나 열등감을 갖지 말아야 한다. 모든 큰 나무들도 작은 겨자씨 같은 작은 씨앗으로부터 출발했다. 그러니 큰 나무가 되는 내일의 꿈을 지니기를 바란다. 이것이 여러분들을 향한 하나님의 기대이다.

하나님이 여러분들을 향하신 기대가 있다. 주께서 여러분들을 향해 꿈을 지니고 계시다. 그러니 둘째, 자라나야 한다. 최선을 다해 기도하고, 힘쓰고, 노력하고, 땀 흘리면서 하나님과 역사와 교회 앞에 떳떳할 수 있도록 최선을 다해야 한다. 그러면 자라나게 하시는 하나님께서 작은 겨자씨와 같은 여러분들을 큰 나무가 되게 하실 것이다. 하나님이 여러분들을 향하신 기대를 품고 있기 때문이다.

하나님이 여러분들을 향하신 기대가 있고, 주께서 여러분들을 향해 꿈을 지니고 계시다. 그러니 셋째, 복의 근원이 되어야 한다. 작은 겨자씨가 자라나 큰 나무가 되어서, 이제는 지나가는 새들도 쉬어가고, 나그네들에게도 잠시 쉬어가는 안식처가 되어 주어야 한다. 작은 겨자씨와 같은 나를 축복하시면 큰 나무가 될 것이 분명하다. 그리고 그 축복을 필요로 하는 이웃들에게 베풀고 나누어 주어야 한다.

"복의 근원이 되어라!"

여러분들을 향하신 하나님의 기대이다.

인생의 복기(復棋, Review the game)

바둑기사(棋士, professional go player)들은 종종 혼자서 바둑을 두기도 한다. 바둑에 대해서 모르는 사람은 혼자서 어떻게 바둑을 두는지 의아해하지만, 그 바둑기사는 '복기'(復棋, Review the game)를 하는 중이다. '복기'는 이미 끝난 바둑의 승부를 그대로 바둑판 위에 한 수씩 재현하는 것이다. 대부분 승리와 패배를 다시 분석하여 차후 승부에서 밑거름을 삼기 위해서이고, 때로는 명인의 명승부를 존경하는 의미에서 '복기'하기도 한다.

그런데 보통 한 번의 승부에 두는 수가 평균 400개이다. 그러니까 '복기'를 하는 바둑기사는 400번의 착점을 모두 외우고 있다는 것이다. 그것도 자기와 상대방이 두는 순서까지 기억하며 그대로 재현해야 하는데, 놀라운 것은 바둑기사들은 이 '복기'를 어려워하지 않는다는 것이다. 심지어 어떤 사람은 10년 전에 둔 바둑이나 유명한 기사들의 명승부도 외워서 '복기'를 하곤 한다.

언젠가 이 점을 신기하게 여긴 기자가 프로 바둑기사에게 '복기'가 가능한 이유를 물었는데, 그중 한 명이 이런 대답을 했다.

"대국을 할 때 한 수 한 수 모두 의미를 가지고 둔 돌들이기 때문에 가능합니다. 첫수만 기억하면 나머지 수는 저절로 따라오게 되어 있습니다." (퍼온 글)

난 바둑에 대해 전혀 모른다. 다만 가끔 미디어를 통해서 혼자 바둑 두는 기사들을 볼 때마다 의아하게 생각했다. 혼자서 무엇을 하는 것일까? 바둑은 저렇게 혼자서도 둘 수 있는가? 그런데 이것이 오늘 위에 언급한 '복기'라는 것을 알게 되었다. 그리고 기사들이 1대국마다 400개 전후의 착점을 모두 다 기억하고 재현하는, 감히 범인들은 범접할 수 없는 집중력과 기억력을 지니고 있다는 데 탄성이 나왔다. 그리고 위에 언급한 대로 그것이 가능한 이유를 알게 되었을 때, 잔잔한 감동이 일어났다.

요즘 시편으로 새벽기도회를 인도하고 있다. 얼마 전 시편 113편, 우리가 어렸을 때부터 주일학교에서 신나게 율동을 하며 불러오던 찬양을 오랜만에 다시 만났다.

"이제부터 영원까지 여호와의 이름을 찬양하라. 해 돋는 데부터 해 지는 데까지 여호와의 이름이 찬양을 받으시리로다." (시편 113:2-3)

신학교에 다니던 어느 날인가, 중 · 고등부 학생들하고 이 찬양을 같이 부를 때 갑자기 이런 마음이 찾아왔다. "해 돋는 데서부터 해 지는 데까지 매일매일 하나님을 찬양하는 마음들이 모여, 이제부터 영원까지 하나님을 찬양하는 삶이 되는구나. 인생은 매일매일 어떤 벽돌들을 하나씩 쌓아가느냐에 따라 결국 전체의 모습이 나타나겠구나." 결국 '인생의, 신앙의 일관성'에 관한 생각이었다.

매 순간 무엇인가를 선택하며 살아가는 나의 하루하루들(해 돋는 데서부터 해 지는 데까지)이 모여 결국 내 전체 인생(이제부터 영원까지)이 된다는 것을 깨달았다. 매 순간의 선택을 나의 이익만을 추구하며 살았다면, 내 전체 일생은 관계, 명예, 재물 등 삶의 제반 영역에 있어서 개인주의, 이기주의, 더 나아가 주변은 전혀 아랑곳하지 않고 나만 아는 수전노에 가까운 수치스러운 삶의 모습으로 나타날 것이다.

그러나 매 순간의 선택을 내가 속한 많은 공동체(가정, 교회, 집단, 나라, 민족, 세계 등)의 유익을 먼저 추구하며 살았다면, 내 일생은 공동체를 치료하고 세우고 회복하는 이타적인, 그리고 서로를 살리는 상생의 삶의 모습으로 나타날 것이다. 이를 바둑기사들의 대국에 빗대어 본다. 대국을 치를 때마다 400개 전후의 착점을 기억할 수 있었던 것은, 그 한 점 한 점이 의미가 있고, 그 한 점 한 점이 이어가며 그려가는 전체 흐름이 있기에, 대국이 끝난 이후에도 그대로 따라 하는 '복기'가 가능한 것이었다.

그리고 그 복기를 통하여 승패의 원인을 분석하여 자기 발전의 디딤목으로 삼을 수 있었을 것이다. 이것 역시 '자기 스스로를 관통해 볼 줄 아는 일관성'인 것이다. 수많은 파도를 만나면서 갈수록 단단해지는 우리의 인생도, 우리의 신앙도 이런 '복기'가 필요하다. 기분에 따라, 상황에 따라 매 순간 이리 왔다 저리 갔다 하는 '갈지 자 인생'이 아니라, 어떤 상황과 환경과 여건 속에서도 한 방향으로만 가는 '초지일관 인생'을 살아야 하며, 인생의 '복기'를 통하여 더 나은 삶을 추구해 나가야 한다.

우리의 인생과 신앙의 '복기', 즉 '되짚어 봄, 일관성'은 무엇인가? 나의 인생의 대국에 있어서 400여 개에 달하는 착점은 어디인가? 일상의 '되돌아봄'과 '되짚어봄'이, 즉 끊임없는 자기성찰인 '회개'가 우리 신앙의 일관적 착점이 되어야 한다. 거기에 주의 은혜로 주어지는 '치유와 회복과 소생의 사건'들이 내 일상에 역사로 나타날 것이다. 그 감격으로 우리는 '해 돋는 데서부터 해 지는 데까지, 그리고 이제부터 영원까지 여호와의 이름을 초지일관 찬양'해야 할 것이다.

그리할 때 우리는 훗날 인생의 최후의 '복기'인 '심판대' 앞에서 아름답게 생을 되돌아보게 될 것이다. 인생의, 신앙의 '복기'는 '기억하는 것'이 아니라 '기억되는 것'이다. 무더운 여름을 보내는 이때, 인생의 '복기'(되돌아 봄, 되짚어 봄, 회개, 일관성)를 통해, 다가오는 가을에 주께서 주시는 풍성한 결실을 꿈꾸며 여호와를 찬양해야 하지 않을까?

PATH BREAKING

만년설이 뒤덮인 히말라야 고산지역의 에베레스트를 올라가기 위해서는 철저한 준비와 강인한 체력과 정신력 외에 반드시 필요한 사람이 있다. 바로 '셰르파'이다. 셰르파는 흔히 등반가의 짐을 날라주는 단순 보조인으로만 생각하는 경우가 있는데, 천만의 말씀이다.

1953년 5월 29일, 세계 최고봉 에베레스트 정상에 첫발을 디딘 사람은 뉴질랜드인 '에드먼드 힐러리'와 셰르파 '텐징 노르가이'였다. 이처럼 히말라야의 위대한 산악인 곁에는 항상 위대한 셰르파가 함께 있었는데, 셰르파라는 단어는 '짐꾼'을 뜻하는 것이 아니라, 네팔 고산 지대에 거주하는 소수민족의 이름이다.

셰르파족은 약 500년 전 동부 티베트에서 에베레스트 남부 빙하 계곡으로 이주해 왔다고 한다. 아무리 험하고 가파른 곳이라도 그들이 가면 길이 열린다. 정상으로 향하는 새로운 길을 뚫고 개척하는 사람들이 '셰르파'이다. 그리고 이들의 정신을 '패스 브레이킹'이라고 말하기도 한다.

'패스 브레이킹'은 '패스'(Path, 사람들이 지나다녀 생긴 작은 길)와 '브레이킹'(Breaking, 깨뜨리다)의 합성어로 기존의 틀을 과감히 벗어나 남들이 가지 않는 새로운 길을 내는 개척자를 뜻한다. 셰르파들은 대부분 보통 유명 산악인들의 이름에 가려져 있지만, 그들은 오늘도 꿋꿋이 험한 길을 뚫고 설산을 오르고 또 오른다. 그들의 '패스 브레이킹' 정신 앞에 히말라야도 머리를 숙인다. 이처럼 단단한 마음을 가지고 있으면, 세상에 넘지 못할 일이 없다. (퍼온 글)

이제 성탄의 계절을 지나 곧 송구영신을 맞게 된다. '옛것을 보내고 새것을 맞이하는' 절기이다. 우리 모두 새해를 '패스 브레이킹' 정신으로 열어나가는 '셰르파'들이 되면 어떨까? 지난날들이 앞으로 나가는 우리의 발목을 잡아서는 안 된다. 지나간 일들을 아무리 후회한들 무엇하겠는가?

연세가 지긋한 노인이 값이 비싸 보이는 도자기를 들고 조심스럽게 길을 가고 있었다. 길을 지나가는 사람들이 그 도자기를 보고 아름다움에 놀라 모두 감탄했다. 그런데 길을 조심스럽게 가던 노인이 그만 돌부리에 걸려 몸을 휘청거리다가 길바닥에 넘어지고 말았다. 그 바람에 들고 있던 귀한 도자기가 땅에 떨어져 산산조각이 나고 말았다. 지나가던 사람들은 안타까운 눈빛으로 노인을 바라보았다.

그러나 노인은 담담한 표정으로 툭툭 털며 자리에서 일어났다. 그리고 깨진 도자기 조각들을 조심스럽게 치우더니 아무 일도 없었다는 듯 다시 길을 갔다. 그때 이 모습을 본 한 젊은이가 노인에게 다가가 물었다.

"어르신, 제가 보기에 상당히 값나가는 도자기인 것 같은데, 그 보물 같은 귀한 것을 깨뜨리셨는데, 어찌 뒤도 돌아보지 않고 담담하게 가실 수 있습니까?"

그러자 노인은 허허 웃으며 말했다.

"이미 부서진 도자기를 보고 아무리 후회한들 그 무슨 소용이 있겠소? 뒤늦게 후회하느니 차라리 이후에는 앞을 잘 보고 조심하며 걸어가는 것이 더 낫지 않겠소."

그렇습니다. 이미 끝난 일을 말하여 무엇하며, 이미 지나간 일에 땅을 치며 억울해하면 무엇하겠는가? 2019년도에 어이없는 일이 왜 없었겠는가. 그러나 지나온 시간들을 후회한들 무엇하겠는가? 이미 엎질러진 물인데. 다만 그 후회를, 그 미련을, 그 아쉬움을, 그 실패를 교훈으로 삼아 2020년을 바라보며 걸어가는 것이 중요할 것이다.

그렇게 하기 위해서는 '참회'가 우선되어야 한다. '후회'와 '참회'는 엄연히 다르다. 삶은 뒤를 돌아보는 '후회'가 아니라, '참회'하며 이를 디딤돌 삼아 앞을 보며 달려가는 긴 여정이기 때문이다.

한국에 가면 가나안 농군학교가 있다. 그곳에서는 방문객일지라도 누구나 다 농사를 지어야만 한다. 건물 뒤편에 밭이 있어 고구마를 캔다. 그런데 그 고구마가 제법 호박만큼이나 크다. 세상에 이렇게 큰 고구마도 있나 싶어 물어본다.

"도대체 무슨 특별한 비료를 사용하셨는지요?"

"우리는 어떤 특별한 비료를 주지는 않습니다. 다만 김을 맬 때마다 호미 날로 자극을 주기 때문입니다."

고의로 고구마에 상처를 낸다는 것이다. 그리고 아물면 호미 날로 다시 상처를 내고, 아물면 또 호미 날로 상처를 주고를 반복하다 보니까 고구마가 이렇게 커졌다는 것이다. 그 말을 듣고는 '우리도 인생을 살면서 매해 받은 상처들로 오히려 점점 더 단단해지는 인생을 만들어가겠구나.' 하고 생각해 본 적이 있다.

이제 곧 새해를 맞이한다. 새해는 아무것도 그려지지 않는 도화지와도 같다. 이제 2019년의 상처, 미련, 아쉬움, 억울함, 후회 등등을 다 내려놓고 '참회'하며 자유하기 바란다. 오히려 그것들이 2020년을 살아갈 우리를 더욱더 단단하게 만들어 갈 줄 믿고, 페스 브레이킹 정신으로 새해에 새로운 길들을 꿈꾸고 개척해 나갈 때, 반드시 성령께서 도와주실 것을 믿는다.

"그런즉 누구든지 그리스도 안에 있으면 새로운 피조물이라 이전 것은 지나갔으니 보라 새것이 되었도다."(고린도후서 5:17)

이보다 더 큰 일을 네가 보리라!

중·고등학교에 다닐 적에는 소니에서 나오는 CD 플레이어 (Player)나 카세트 리코더(Cassette Recorder) 같은 거 하나 갖는 게 소원이었다. 그런 것 하나 있으면 괜히 학교 가서 폼을 좀 잡았던 것이다. 한때 위세를 떨쳤던 소니도 지금은 그렇지 못한 것 같다.

대기업들 가운데서 몇 대를 거쳐 장수하는 기업들도 있지만, 매년 「포춘」지가 발표하는 세계 500대 기업의 평균 수명은 놀랍게도 약 40년 정도라고 한다. 공인된 기관의 통계에 의하면 일본 100대 기업의 평균 수명은 30년, 한국 기업은 23.8년이라는 것이다. 한국의 삼성, 엘지 같은 기업은 세계적으로 '반도체'로 유명하다.

반도체 공장에 가보면 거기서 일하는 사람들이 머리에는 하얀 모자를 쓰고, 하얀 작업복을 입고, 하얀 마스크를 쓰고, 하얀 장갑을 끼고 일하고 있다. 그냥 얼핏 보면 꼭 의사, 간호사들이 왔다 갔다 하는 병원 같다. 이렇게 방진복으로 무장하고 작업을 해야 하는 이유는,

반도체에 입김 하나, 먼지 하나 닿는 것조차 치명적이기 때문이다. 반도체가 오염되는 가장 큰 원인은 의외로 사람 몸에서 떨어지는 '각질'이라고 한다.

얼핏 볼 때 사람의 몸은 아무 변화가 없는 것처럼 보인다. 그러나 우리 몸에서는 세포가 끊임없이 죽어서 각질로 떨어지고, 그 자리에 새로운 세포가 자라나는 과정을 거친다고 한다. 사람은 뱀처럼 낡은 허물을 벗지는 않지만, 약 5년이면 몸의 세포가 완전히 새로운 세포로 바뀌는 과정을 거친다고 한다. 우리의 몸은 아무런 변화가 없는 것같이 느껴지지만, 그러나 실상은 우리 몸의 세포들이 5년마다 주기적으로 끊임없이 죽음의 세포와 싸우면서 새로운 세포를 만들어가기에 생명이 보존된다는 것이다. 하나님의 신묘막측하신 손길이 아닐 수 없다.

예수께서 공생애를 시작하시면서 가장 먼저 나타난 표적이 가나의 혼인 잔치이다. 더럽고 냄새나는 물이 깨끗한 물이 된 것이 아니다. 완전히 성분이 다른 포도주가 되었다. 우리도 세례받고 하나님 백성으로 신앙의 공생애를 살기 시작할 때, 주제는 '변화'라는 것을 알려주신 사건이다.

끊을 '단', 예수 믿기 전과 후가 달라야 한다. 가면 갈수록 주님 안에서 끊임없이 섬기고 나누며 헌신하는 하나님 나라 백성의 모습을 보여주는 그리스도의 편지가 되어야 하고 생명의 향기를 풍겨야 한다. 나의 가치관, 마음먹는 것, 생각하는 것, 말하는 것, 관계 맺는 것, 섬기며 나누는 것 등등이 가면 갈수록 점점 성경적으로 변화되어

가는 과정들이 있어야 영적 생명을 유지하게 될 것이다.

많은 사람이 변화가 두렵다고들 한다. 나이 먹어서 변화가 불가능하다고도 말한다. 그러나 아니다. 우리가 스스로 변화를 마음에 품고 생각하고 우리의 삶을 열어나간다면, 성령께서 반드시 우리를 변화의 삶으로 도우시고 이끌어 주실 것이다.

우리는 시험장에서 나오는 학생이 더 열심히 공부했으면 시험을 잘 봤을 텐데, 시합에서 진 운동선수가 더 열심히 연습했으면 이겼을 텐데, 인생에서 실패한 사람이 내가 좀 더 열심히 살았더라면 지금보다 더 나은 사람이 되었을 텐데 하는 등, '후회'하는 사람이 되어서는 안 된다. 오히려 이것을 레슨 삼아 더 나아지는 것이 '참회'라면, 우리는 새해를 '후회'가 아닌 '참회'로 출발해야만 할 것이다.

마태복음 25장의 달란트의 비유에 보면, 2달란트와 5달란트를 맡았던 자가 각기 4달란트와 10달란트로 불렸을 때, 분명히 양적 차이가 있었다. 하지만 그들을 향한 하나님의 칭찬은 단어 하나 틀리지 않고 똑같았다.

"착하고 신실한 종아, 네가 작은 일에 충성을 다했으니, 이제는 네게 더 큰 일을 맡기겠다. 자, 나와 함께 기쁨을 누리자."(21절)

하나님이 보시는 기준은 돈이 많고 적고, 많이 배우고 못 배우고, 힘이 있고 없고, 알아주는 사람이건 아니건 등등의 양적 차이가 아니다. "네가 정말 최선을 다하였는가?"라는 물음뿐이다. 2020년 끝자락에 우리는 올 한 해 동안 정말 주를 바라보며 치열하게 살았노라고 떳떳하게, 자신있게 말할 수 있어야 한다. 그러했을 때 결과가 어떠하든 겸손히 받아들일 수 있으며, 결과에 대해 자유로울 수 있다.

이때 하나님은 반드시 '그 최선에 더하여 주시는 성서적 축복'으로 응답하실 것이다. 2020년 새해는 우리 모두에게 아무것도 그려져 있지 않은 도화지와도 같다. 누구에게나 공평하다. 그 위에—하나님 나라 백성으로서의 점진적 변화 그리고 맡겨진 사역들을 최선을 다해 섬겨서 "이보다 더 큰 일을 네가 보리라!"(요 1:30)는—'더하여지는 성서적 축복'이 가득하게 그려지는 새해를 기대하며 살아가기를 축원한다.

스테인드글라스 인생

옛날 한 나라를 다스리던 왕이 유명한 건축가에게 새로운 왕궁을 건축할 것을 지시했다. 건축가는 왕궁의 각방에 아주 좋은 거울들을 설치하기로 하고 멀리 다른 나라에 주문해서 가져오게 했다. 그런데 운반 도중에 거울 유리가 모두 산산조각이 나 버렸다. 건축가는 매우 실망하고 안타까워했지만 어찌하겠는가? 작업자들에게 깨어진 유리 조각들을 모두 다 버리라고 했다. 그때 그곳에 있던 한 남자가 큰 소리로 말했다.

"어쩌면 깨진 거울 유리가 더 아름다울지도 모릅니다."

그는 깨진 거울 유리 조각들을 벽이나 창에 붙이자는 제안을 했다. 건축가는 고심 끝에 버릴 바에야 그 제안을 받아들이기로 했다. 이어 깨진 거울 유리 조각으로 무늬를 만들어 왕궁의 벽, 창, 기둥 등등에 붙이기 시작했다. 그러자 깨진 거울 유리 조각마다 빛이 여러 방향으로 반사되어 들어와 건축가가 생각한 것보다 그 몇 배 이상의 찬란하게 아름다운 왕궁이 만들어졌다. 그 모습에 감탄한 왕은 깨진 거울 유리 조각들을 붙이자고 제안했던 남자에게 물었다.

"어떻게 깨진 거울 유리 조각으로 이렇게 아름다운 작품을 만들 생각을 하였는가?"

그는 왕에게 대답했다.

"저는 예전에 양복점을 운영했던 적이 있었습니다. 부유한 사람들의 옷을 만들고 나면 자투리 천이 많이 나왔습니다. 그 천들을 모아 옷을 지어 가난한 사람들에게 나눠줬습니다. 그때 저는 자투리 천으로 만든 그 옷들이 다른 어떤 옷들보다 아름답다고 생각했습니다. 그래서 혹시 깨진 유리도 더 아름다울 수 있지 않을까 하는 생각을 하게 되었습니다."

참 아름다운 마음에, 참 아름다운 생각이 낳은 결과가 아닐 수 없다. 이 부서진 깨진 거울 유리 조각으로 만든 유리창이 바로 '스테인드 글라스'의 시초가 되었다고 한다. (퍼온 글)

곰곰이 생각해 본다. 누구든 인생을 살다 보면 잘 나갈 때도 있지만, 때론 곤두박질쳐 깨진 유리 조각처럼 산산조각이 날 때도 있다. 그럴 때 우리는 낙심하지 말아야 한다. 내 인생이 산산조각이 나서 가장 밑바닥에 처박혀 있을지라도, 그리고 세상이 주는 어떤 두려움이 있을지라도, 이럴 때일수록 하나님과 나와의 관계를 되돌아보아야 한다. 하나님은 나의 아버지요, 나는 그분의 자녀요, 백성이라는 '내적 가치', 나는 하나님이 기르시는 양이라는 '신앙의 정체성'을 어떤 처지와 상황에 놓여 있을지라도 끝까지 놓치지 말아야 한다. 이것을 붙들고 있기만 하면, 하나님은 반드시 나의 조각조각 난 인생을 다시 이리저리 붙여서 가장 아름다운 스테인드글라스 인생으로 만들어가실 것이다.

> "우리가 알거니와 하나님을 사랑하는 자 곧 그의 뜻대로 부르심을 입은 자들에게는 모든 것이 합력하여 선을 이루느니라." (로마서 8:28)

여기서 '선'은 '아름답다, 좋다'라는 뜻도 있지만, '나를 향하신 하나님의 계획이 내 인생 안에 이루어지는'이라는 의미도 가진다. 하나님은 나와 나의 자녀들 그리고 가정과 교회와 이 세상을 향해 당신의 분명한 뜻을 계획하는 '설계자'이시다. 설계하실 뿐만 아니라 당신의 계획을 이끌어 가고 성취하신다.

오늘은 바로 하나님이 이끌어가시는 '~ing, 현재진행형'인 하루일 따름이다. 그러므로 우리는 다만 이 사실, 즉 "하나님은 내 인생에 일어나는 모든 사건과 사고들까지도 상호 작용시켜 당신의 계획이 결국 내 인생 안에 현실이 되도록 하신다."라는 사실을 믿을 때, 우리는 입술의 불평과 마음의 불만을 넘어서 '범사에 감사'(살전 5:18)할 수 있게 될 것이다.

2020년 새해가 얼마 지나지 않았는데, '미국 독감', 곧 세계적으로는 '신종 코로나19'가 확산하였고, 지역사회에 그 감염이 퍼져나가는 상황에서 많은 사람이 불안해하고 있다. 지난주 뉴욕에서 로스앤젤레스로 출장을 다녀왔는데, 20여 년 동안 공항을 이용하면서 양쪽의 공항이 모두 이렇게 한적할 수가 없었다. 사람들이 나다니는 것을 적극적으로 삼가니, 이와 관련된 사업장들의 타격이 이만저만이 아니라는 것이 피부로 느껴졌다.

사회에 퍼지는 부정적 여파가 일파만파가 되었다. 오늘 이렇게 어지럽고 어려운 현실일지라도, 우리 믿는 자들은 '이보다 더 좋은 일은 아직 오지 않았다.'라는 소망으로, '이 또한 다 지나가리라'라는 마음으로 기도하며 인내할 따름이다. 기도해야 이때를 기다릴 수 있을 것이다. 하나님은 우리의 이런 분명한 믿음이 현실이 되게 역사하신다. 우리는 지금은 모른다. 그러나 분명 '하나님이 왜 이때 이런 경고의 메시지를 주셨나?'라는 것은 시간이 흘러감에 따라서 나타나고 보이고 깨달아지게 될 것이다.

우리는 그때까지 이 사실을 믿고 범사에 감사하며 나가서, 결국은 우리와 교회와 사회의 부서진 조각조각들을 맞춰 아름다운 스테인드글라스를 만들어 가시는 하나님의 역사를 대면하기를 소망한다.

나를 떠나서는 너희가 아무것도
할 수 없음이라

요한복음 마지막 장인 21장은 주께서 부활 후 세 번째로 디베랴 바다로 제자들을 찾아가신 장면이다. 거기엔 베드로를 포함한 일곱 명의 제자들이 모여 있었다. 디베랴 바다는 어떤 곳인가? 디베랴 바다는, 제자들이 십자가에 못 박히신 예수를 보고 부활하신 예수를 두 번이나 뵈었는데도 불구하고, 두려움 가득 안고 도망치듯 고향으로 돌아온 '좌절과 절망'의 바다였다.

일곱 제자 가운데 베드로, 야고보, 요한은 여기서 잔뼈가 굵은 어부들이었다. 그들은 물 때와 물고기가 제일 잘 잡히는 시간을 알고 있었기에 밤이 새도록 그물을 던지고 또 던졌다. 하지만 결국 한 마리의 물고기도 잡지 못했다. 도저히 그들로는 이해할 수 없는 참담한 결과였다.

이때 주께서 배 오른편에 그물을 던지라고 하신다. 순종하여 던졌더니 그물이 찢어질 정도로 153마리의 물고기가 잡혔다. 이 장면 안에는 너무나 많은 이야기가 담겨 있지만, 단 한 가지 메시지에만 주력하려고 한다. 두 권짜리 요한복음 주석을 쓴 크레이그 키너(Craig Keener)는 이 장면을 이렇게 묘사한다.

"요한복음의 저자인 사도 요한은 이 장면을 상세히 기록하면서 오늘 이 디베랴 바다의 밤, 이 장면, 이 사건을 통하여 우리에게 전해주고 싶은 메시지가 있었다. 그것은 '나를 떠나서는 너희가 아무것도 할 수 없음이라'(요 15:4-5)라는 것이다."

그렇다면 디베랴 바다에서 깊은 밤에 있던 사건은 주께서 제자들에게 다시 한번 말씀을 상기시키시는 것이었다.

나는 코로나 사태를 접하면서 이 디베랴 바닷가의 장면이 계속 떠올랐다. 세계 최강의 거대한 힘을 가진 미국도 미생물같이 눈에 보이지도 않는 작은 바이러스 공격에 속수무책으로 당하고 있는 현실이 오버랩되었다.

이번 코로나 사태 안에서 우리는 세상에 무엇을 자랑할 수 있겠는가? 막강한 군사력? 넘치는 경제력? 최첨단 의술? 우주를 넘나드는 과학기술? 역사를 꽃피우는 철학, 사상, 예술? 그동안 우리는 이런 것들을 자랑하고 큰소리쳐 오지 않았는가? (렘 9:23-24)

그러나 우리는 이번 코로나 사태를 통해 진정 우리의 자랑이 다 한갓 바람에 나는 겨와 같다는 것을 깨닫게 된다. 피조물의 연약함,

인간의 무지함을 다시 한번 새삼 인정하게 된다. 창조주 앞에 서 있는 '나'라는 존재에 대해 분명한 자리매김을, 즉 '주님을 떠나서는 아무것도 할 수 없다.'라는 것을 깨달아야 한다. '고난이 주는 유익'이다.

절망과 좌절의 바닷가, 디베랴 바다를 찾아오신 부활하신 주께, 오늘 어찌해야 할 바를 모른 채 몸살을 앓고 있는 우리를 만나주고 도와주시기를 간절히 간구해야 한다(대하 20:12-13). 부활하신 주께서 찾아오셔서, 천지를 창조하신 하나님께서, 능치 못할 일이 전혀 없으신 '뒤나미스'의 능력으로 우리를 긍휼히 여기사 하루속히 코로나 전염병을 거두어 주시기를 간곡히 청해야 한다.

그리고 믿는 자들에게 지혜를 주사 코로나 치료제와 백신이 속히 개발되도록 다 같이 중보기도 해야 한다. 하나님이 우리를 불쌍히 여기시기를! 하나님이 우리에게 자비와 긍휼을 베푸시기를! 그리고 성전에 서서 겸손히, 간절히, 간곡히 땅을 치며 자복하고, 옷을 찢으며 통회하고, 가슴을 치며 주체할 수 없이 흐르는 눈물로 하나님을 붙잡고 늘어져야 한다. 거기에 건져내 주시는 구원이 있다(대하 7:14, 20:9, 시 91:2-3).

코로나 사태를 겪다 보니 일상이 감사였는가? 일상이 축복이었는가? 여러 사람이 마주 앉아 팥빙수도 먹고 커피도 마시고 식당에서 밥을 먹으며 얘기하던 그 날이 그립다. 도로에 교통혼잡이 있던 때가, 거리마다 사람이 넘쳐날 때가, 가게마다 영화관마다 스타디움마다 식당마다 사람들이 자유롭게 드나들었던 때가, 서로를 의심하지 않고 그냥 스스럼없이 만나고 대할 때가, 같이 여행을 계획하고 그날을 기다리던 때가, 약속을 잡고 그 시간에 맞춰 나갈 때가, 그때가 모두 다 그립다. 일상이 그리워진다. 일상이 감사요, 축복이라는 것을 깨닫지 못하고 불평 가득히 살았던 지난날을 돌이켜 보며 회개하지 않을 수 없다.

일상이 감사요, 일상이 축복이었음을 다시 한번 깨닫게 된다. 이 또한 '고난이 주는 유익'일 것이다. '이 또한 지나가리라!', '아직 더 좋은 것은 오지 않았다!'라고 확신하며, 인내하고 기다리고 기다린다면, 주께서 건져주시는 구원의 역사가 우리 모두에게 임하실 것이다. 특히 코로나로 인해 고통받는 이들에게, 코로나를 치료하기 위해 최선을 다하시는 의료진들과 자원봉사자들, 그리고 정부 관계자들 모두에게 주님의 위로와 은총과 강건하심이 함께 하시기를 진정 중보하며 기도한다.

주께서 특별하신 은총을 베푸셔서 치료제와 백신이 나오기를 기도하며, 우리 모두 끝까지 잘 견디며 대처해 나갈 수 있도록 주여, 힘과 용기와 희망과 지혜를 모두어 주옵소서! 아멘.

"디베랴 바다 깊은 밤에 주님이 주신 메시지, 나를 떠나서는 너희가 아무것도 할 수 없음이라!"

하나님 처방전

　　구약성경에서 가장 드라마틱한 장면 중 하나는 엘리야 선지자의 갈멜산의 승리이다. 엘리야가 승리한 후 아세라 선지자, 바알 선지자 850명을 모두다 기손 시냇가에서 죽인다. 이때 이세벨 왕비는 "너도 내일 이맘때쯤 네가 죽인 이 사람들처럼 되리라."라는 메시지를 전한다. 엘리야는 이 말 한마디를 듣고는 허겁지겁 한참을 도망가다가 로뎀나무 그늘 아래에서 죽기를 간청할 만큼 그의 영혼은 침체되었다. 도무지 스타일 구기고 믿기지가 않지만, 사실이었다.

　　하나님은 그런 엘리야에게 하나님의 산, 호렙으로 데리고 가서 치료하신다. 이 장면을 보면서 두 가지의 관심사가 호기심을 자극한다. 첫째, "무엇이 엘리야를 이렇게 피폐케 했을까?", 둘째, 이런 엘리야를 "하나님은 어떻게 치료하셨을까?" 하는 것이었다. 왜냐하면 이게 다 우리의 이야기이기 때문이다.

　　첫째는 '진단'이다. 진단 잘못하면 이리저리 끌려다니다 병을 더 키우고 고생은 고생대로 하게 된다. '정확한 진단'에서 '정확한 치료'가 이루어진다. 엘리야가 이렇게 영혼이 처절하게 침체된 이유는 무엇인가? "…오직 나만 남았거늘 저희가 내 생명을 찾아 취하려 하나이다."(왕상 19:10)라고 고백하고 있듯이, 바로 이 '힘겨운 고독과 외로움' 때문이었다. 우리의 이야기이다.

하나님은 이런 엘리야를 어떻게 치료하셨는가? 하나님 처방전은 '너는 결코 혼자가 아니다.'라는 사실을 분명히 알려 주셨다. 천사를 보내서 물과 떡을 주었고, 이것을 먹고, 마시게 하셨다. 하나님은 엘리야와 함께하셨던 것이다. "내가 너희를 고아와 같이 버려두지 아니하고 너희에게로 오리라."(요 14:18)라고 말씀하고, 부활하신 예수께서, "내가 세상 끝날까지 너희와 항상 함께 있으리라."(마 28:20)라고 약속하신 말씀대로 우리와 함께하신다. 우리의 이야기여야 한다.

우리 믿는 자들은 결코 절대로 혼자가 아니다. 이후 하나님은 엘리야를 호렙산으로 데리고 가신다. 처음에는 산을 가르고 바위를 부수는 크고 강한 바람 가운데서도 그리고 지진과 불 가운데서도 하나님은 계시지 않았다. 그러나 바람, 지진, 불 등이 다 지난 후, 고요한 정적 가운데 비로소 세미한 음성이 들렸다. 놀랍게도 거기에 하나님이 계셨다.

우리도 하나님이 나에게 말씀하시는 이 세밀한 레마의 음성을 들으려면, 반드시 나에게 세상과는 구분된 거룩한 시간과 거룩한 공간, 즉 나의 생활 공간에서 한군데쯤은 '나의 호렙산'이 있어야 한다. 골방이든, 책상머리이든, 침대이든, 어디든 나의 호렙산의 시간과 공간을 만들어야 한다. 매일, 날마다 때마다 시마다 말씀 읽고, 묵상하고, 기도하고, 찬송하는 '나의 거룩한 시간'을 보내는 '나의 거룩한 공간'이 '나의 호렙산'이다.

'하나님과 나만의 시간'을 즉 QT를 가지라는 말이다. 이때 엘리야처럼 하나님이 나에게 말씀하시는 그 '레마의 세미한 음성'을 들을 수 있을 것이다. 그때 내 영혼이 치료되고, 다시 회복되고, 소생하여 살아난다. 우리의 이야기여야 한다.

그리고 하나님은 엘리야에게 세미한 음성을 통하여 '일거리'를 맡기신다. 하사엘을 찾아가서 기름을 부어 아람 왕이 되게 하고, 예후에게 기름을 부어 이스라엘의 왕이 되게 하고, 엘리사에게 기름을 부어 선지자가 되게 하라고 하셨다. 참 어이가 없는 일이다.

아니, 지금 코로나 팬데믹 때문에 내 코가 석 자인데, 내 문제도 벅찬데, 어떻게 남의 문제까지 관심을 가지라는 것인가? 여기서 우리는 '하나님의 방법과 사람의 방법'이 다르다는 것을 깨닫게 된다. 사람들은 힘들고 어려운 문제가 있으면 이불 싸매고 드러눕든가, 자기가 어떡하든 해결해 보려고 이 사람, 저 사람 찾아다니느라, 골머리가 아프다. 이게 사람의 방법이다.

그러나 하나님의 방법은 다르다. "일단 네 문제를 덮어두고 남을 도우라"라는 것이다. 힘들 때일수록 남을 돕다 보면, 어느덧 내 문제가 해결되는 체험을 하게 된다. 정말 어려울 때, 남을 위하여 기도하다 보면 나의 문제를 이길 힘이 생긴다. 정말 아프고, 시간이 없을수록 교회를 위해 더 봉사하고 헌신할 때, 성령께서 역사하셔서 아프던

몸도 강건해지고 힘든 일들도 풀려나가고 어려운 상황들도 형통하게 된다. 이것이 바로 믿음의 세계요, 영적 세계의 신비한 질서이다. 바로 우리의 이야기여야 한다.

하나님께서 다시 말씀하신다. 사람을 붙여주시겠다고. 하나님은 항상 하나님의 사람들을, 바알에게 무릎 꿇지 않은 7천 명의 동역자들을 준비해 놓으신다. 이것이 엘리야에게만 해당하는 일이겠는가? 결단코 아니다. 바로 우리에게도 해당한다. 그러므로 우리와 자녀들을 위해 하나님이 준비하신 사람을 만나게 해 달라고 간절히 기도해야 한다. '만남의 축복'인 것이다.

오늘 엘리야의 이야기는 우리의 이야기이다. 엘리야를 진단하고 치료하신 하나님께서 오늘 우리도 진단하고 치료해 주시기 때문이다. 우리는 지금 코로나로 인해 힘들고 어려운 시기를 살고 있지만, 역시 하나님이 치료하시기 위해 엘리야를 통하여 주신 처방전을 손에 들고 마음에 새겨야 한다.

아무것도 없는 것 같으나
모든 것을 가진 자

19세기 후반의 프랑스의 소설가 모파상은 『여자의 일생』, 『벨아미』, 『죽음처럼 강하다』와 같은 인생의 참된 가치를 일깨우는 소설들로 명성을 얻은 작가이다. 그는 타고난 재능으로 쓰는 작품마다 베스트셀러가 되었고, 커다란 부와 명예를 거머쥐었다. 그의 삶은 누구나가 부러워할 만한 것이었다. 지중해에 요트가 있었고, 노르망디에 저택과 파리에는 호화 아파트도 있었다. 그리고 은행에도 많은 돈이 예금되어 있었다.

하지만 그는 1892년 1월 1일 아침, 더 이상 살아야 할 이유를 찾지 못하고 자살을 시도했다. 가까스로 목숨을 구했지만, 정신병자가 된 그는 일 년 동안 알 수 없는 소리를 지르다가 43세를 일기로 인생을 마감했다. 그의 묘비에는 그가 말년에 반복해서 했던 말이 기록되어 있다. "나는 모든 것을 갖고자 했지만, 결국 아무것도 갖지 못했다." (퍼온 글).

우리가 무엇을 얼마나 더 갖고 있느냐가 진정한 만족과 행복의 조건은 아니다. 내가 모든 것을 다 가지고 있다고 해도, 모든 사람이 나를 부러워한다고 해도 내 마음에 감사와 기쁨 그리고 만족과 행복이 없다면, 결국 나는 모파상과 같이 모든 것을 가졌으나 아무것도 갖지 못한 공허한 삶을 살아갈 따름이다.

그러나 정반대의 삶도 있다. 윌리엄 캐리(William Carrey, 1761. 8. 17.~1834. 6. 9.)는 인도에서 활동한 영국 침례교 선교사이며 번역가, 사회개혁가, 그리고 문화 인류학자이다. 개신교 현대선교의 아버지로 불린다.

영국 대부호 캐리(Carey)에게는 '조지'(George)와 '윌리엄'(William)이란 두 아들이 있었다. 두 아들 모두 유명한 옥스퍼드 대학을 졸업한 수재였으며, 장래가 크게 촉망되어 가문의 자랑이 되었다. 예상한 대로 형 '조지'는 돈도 많이 벌었고 국회의원까지 되어 부자로서 정치가로도 명성을 크게 떨치게 되었다. 하지만 윌리엄은 출세할 수 있는 좋은 조건들을 모두 마다하고 난데없이 인도의 선교사로 지망하였다. 온 가족이 놀라서 강력하게 만류했다. 옥스퍼드 대학의 친구들은 '굴러들어온 행운과 명예를 저버린 어리석은 결정'이라고 비난한 사람도 있었다.

그러나 오랜 세월이 지난 지금, 대영백과사전에 두 사람을 나란히 소개하고 있는데, '윌리엄 캐리'에 대해서는 무려 1페이지 반을 할애하여 그의 생애와 업적을 상세히 기록하고 있으나, 조지에 대해서는 단 한마디 '윌리엄 캐리의 형'이라고만 소개되어 있다.

윌리엄 캐리는 자신의 명예를 얻기 위해 선교사로 간 것이 아니었다. 다만 부와 명성이 예약되어 있는 길보다 그리스도인으로서 가치 있는 길을 선택했을 뿐이었다. 그에게는 그 길에 남들이 알지 못하는 은혜와 감격이 있었다. 한순간 부와 명성을 떨치며 사는 사람은 우리 주변에 얼마든지 만날 수 있지만, 남들이 느끼지 못하고 다른 사람들이 알지 못하는 은혜와 감격을 가지고 찬란히 빛나는 삶을 사는 사람을 만나기는 그리 흔치 않다.

바울은 엄청난 시련 속에서도 그의 마음속에는 언제나 샘솟듯 넘쳐 오르는 감격이 있었다. 세상 사람들이 보기에 바울은 무명한 자, 죽은 자, 근심하는 자, 아무것도 없는 자 같았다. 그러나 바울은 항상 기쁘고 부요한 사람이었다. 그는 주 안에서 모든 것을 가진 자였기 때문이다. 남들이 알지 못하는 은혜와 감격 때문에 사도 바울은 항상 감사와 기쁨으로 행복하게 살았다.

"우리는 속이는 자 같으나 참되고, 무명한 자 같으나 유명한 자요, 죽은 자 같으나 보라, 우리가 살아 있고 징계를 받는 자 같으나 죽임을 당하지 아니하고, 근심하는 자 같으나 항상 기뻐하고, 가난한 자 같으나 많은 사람을 부요하게 하고, 아무것도 없는 자 같으나 모든 것을 가진 자로다." (고린도후서 6:9-10).

바울의 '부요의식'을 드러낸 구절이다. 바로 이 은혜와 감격 때문에 스데반은 돌에 맞아 죽으면서도 그의 얼굴이 천사처럼 환하게 빛날 수 있었고, 삭개오는 자기의 재산을 다 처분해서 가난한 사람들에게 나누어 줄 수 있었으며, 마리아는 자신이 소중히 여겼던 옥합을 아낌없이 주를 위해 깨뜨릴 수 있었다.

이제 뉴욕은 벌써 폭염경보가 내려진 무더운 8월이다. 누군가 8월은 '툭탁'의 달이라고 하였다. 조금만 툭 건드려도 팍하니 뛰는 예민한 시기라는 말이다. 더군다나 코로나 팬데믹 때문에 더 힘들고 민감한 시기를 보내고 있다. 우리는 이럴 때일수록 모든 것이 다 있어도 아무것도 없다고 피력했던 모파상처럼 공허한 삶을 사는 것이 아니라, 아무것도 없는 자 같으나 모든 것을 가진 자인 바울의 삶, 일상과 평상 속에 주시는 고난의 유익과 은혜와 감격으로 '주 안에서 부요의식'을 갖고 감사와 기쁨과 행복한 삶을 살아가야만 할 것이다.

나의 다메섹

잘 나가는 치과의사가 있었다. 그는 개업의로 일하면서 꽤 많은 돈을 벌었다. 어느 정도 돈이 모아지다 보니 주식투자에 관심을 갖기 시작했다. 돈을 더 빨리, 더 많이 벌어서 병원을 확장하고 싶었다. 그러던 차에 누가 한 벤처기업에 투자하여 큰 이익을 얻었다는 말을 듣고 곧바로 5만 달러를 투자했다. 처음에는 약간의 이익을 얻었으나 안타깝게 손실이 나고 말았다. 그는 포기할 수 없어 10만 달러를 다른 IT 벤처기업에 투자했다. 이번에도 초기에는 이익을 봤으나 결과는 실패였다. 그는 오기가 발동했다.

이렇게 시작한 주식투자는 마침내 살고 있던 아파트까지 담보 대출을 얻어 다시 투자했지만, 결과는 완전 낭패였다. 그는 잘 되던 병원을 키우려다가 결국 그 병원까지 팔아서 빚잔치를 해야 했다. (퍼온 글)

이런 현상을 '상승적 몰입'(escalating commitment)이라고 한다. 상승적 몰입은 잘못된 의사결정이나 행동에서 빠져나오지 못하고 오히려 점점 더 빠져드는 역설적인 행동을 뜻한다. 노벨 경제학 수상자인 아모스 트버스키는 "사람들은 손실의 관점에서 위험한 선택을 하는 경향이 높다. 이것이 '프레이밍 효과'(framing effect)이다."라고 말한다.

그동안 손해 본 액수 5만 달러를 만회하고 싶은 욕심에 사로잡혀 10만 달러를 투자하고, 결국 집과 병원까지 팔아 빚잔치를 해야 할 정도가 되고 말았다. 이렇게 자기 경험을 바탕으로 프레이밍에 사로잡혀 계속 잘 될 것이라는 상승적 몰입의 자기 최면상태에 빠지게 된다.

우리 주변에는 자기도 모르게 이런 '프레이밍 효과'와 '상승적 몰입'에 빠져 사는 사람이 꽤 많다. 뻔히 떨어질 줄 알면서도 선거에 출마하는 사람들, 다른 사람들 눈에는 투자하면 망하는 곳인데도 들어간 돈이 아깝다고 계속 투자하는 사람들, 도박하여 잃은 것을 다시 만회해 보겠다고 계속 도박장에 가는 사람들 등이 바로 여기에 속한다.

나름대로 훌륭하고 똑똑한 분들인데도 어딘가에 홀려서 제정신들이 아니다. 결과는 불을 보듯 뻔한데도 최면에 걸린 사람처럼 몰입하여 판단이 흐려진다. 전혀 그럴 분이 아닌데도 허망하게도 어이없는 인생을 살아간다. 이런 사람들의 공통된 특징은, 스스로가 개개인의 경험을 가장 소중한 가치로 생각하는 '프레이밍' 그리고 이것이 스스로에게 올가미가 되어 갈수록 자기의 개인적 경험에 깊이 빠져드는 '상승적 몰입'이다.

그리고 이때부터 모든 결정과 판단의 주체는 자기 자신만으로 점점 굳어지기 때문에 주변에 대해 갈수록 심하고 격한 오기를 부리게 된다. 악한 마귀는 우리를 유혹할 때 하나님의 말씀과 명령보다는 개개인의 경험에 근거하여 결정하라—프레이밍 효과, 상승적 몰입—고 유혹한다. 우리 주변에 이런 분들이 얼마나 많은가? 우리 교회 안에도 보면 겉으로는 예수를 내세우지만, 속에는 자기 경험만을 최고로 여기며 주장하는, 갈수록 독선적이고 교만한 사람들이 얼마나 많은가?

바울도 사울이었을 때가 그랬다. 사울은 '프레밍 효과와 상승적 몰입'의 대표적 인물이었다. 세상에서 제일 큰 자였던 사울이 자기 스스로의 경험적 독단과 오기의 '상승적 몰입'이라는 프레이밍을 (사도행전 22:3-5) 성령의 도우심으로 깨고 나올 수 있었다. 그리하여 세상에서 가장 작은 자인 바울이 되어 '그동안 나의 열심은 나 스스로의 지식과 경험에 집착한 상습적 몰입이라는 열심의 프레임이었다.'라는 것을 고백한다.

> "내가 증언하노니 그들이 하나님께 열심이 있으나 올바른 지식을 따른 것이 아니니라. 하나님의 의를 모르고 자기 의를 세우려고 힘써 하나님의 의에 복종하지 아니하였느니라."(로마서 10:2-3)

아직도 사울로 사는 사람들, 자기 경험을 의로 여겨 독선과 독단에 열심인 사람들, 이런 자기 스스로에게 점점 빠져들어 '상습적 몰입의 프레이밍'에 갇혀 사는 사람들은 이제 2021년 새해를 시작하는 즈음에 그 틀(프레임)을 깨고 사울이 바울이 되는 고백이 있어야 한다. 부디 정신을 차리고 자기를 돌아볼 필요가 있다.

자기 경험, 자기 의, 자기 열심에 상승적으로 몰입하는 틀을 성령의 도우심을 구하며 깨고 나와 바울이 되는 길을 걸어가야 한다. 바로 '나의 다메섹'이다. 거기에 코로나로 어려운 상황 현실 속에서도 '오늘도 살아서 나에게 역사하시는 하나님'의 역사하심이 나의 인생 안에서도 나타나게 될 것이다. 주의 크신 은총과 평강과 지혜와 축복이다. 나의 다메섹에 간증의 역사와 찬송의 고백이 가득한 한 해가 되기를 기원한다.

마중물(CALLING WATER)

한 초등학교에 문제를 안고 있는 8살 여자아이가 있었다. 잠시도 가만 있지 못하는 이 아이는 1학년 초부터 선생님의 골머리를 아프게 했다. 떠드는 건 예삿일이고 숙제를 해오지 않을뿐더러 성적은 늘 꼴찌였다. 이 아이는 소위 ADHD(산만 증후군)가 심한 아이였다. 담임선생님은 몇 번이고 야단을 치고 얼러 보았지만, 아무 소용이 없었다. 급기야 부모님에게 편지를 썼다.

이 아이를 더 이상 가르칠 수 없으니 특수 학교에 보내라는 내용이었다. 편지를 받은 부모님은 가슴이 철렁 내려앉았다. 아이의 어머니는 자기 딸을 심리 상담사에게 데리고 갔다. 그 상담사는 어머니와 대화를 나누며 그 아이를 관찰하였다. 한참 후 상담사는 아이에게 말했다.

"미안하지만 엄마하고 이야기할 것이 있으니 이 방에서 조금만 더 기다려줄래?"

상담사는 라디오를 켜 놓은 채 어머니와 함께 문을 닫고 밖으로 나왔다. 그리고는 이 작은 여자아이가 혼자서 어떤 행동을 하는지를 어머니에게 조그마한 창을 통해서 보게 했다. 잠시 후 놀라운 일이 벌어졌다. 라디오에서 음악이 흘러나오자 그 아이는 의자에서 벌떡 일어나더니 음악에 맞춰 방안을 돌아다니며 너무나도 재미있고 우아하게 춤을 추는 것이었다.

"부인, 이 아이는 이상한 게 아닙니다. 춤에 너무나도 재능이 있는 아이입니다. 가만히 앉아 있게 한 것이 도리어 고통이지요."

이 아이는 춤추는 것을 너무나 즐거워했다. 학교에서도, 집에서도 매일 신나게 춤을 추었다. 이 아이가 바로 20세기의 가장 위대한 발레리나이자 안무가인 '질리언 린'(Gilian Lynne)이다. 그녀에 의해서 「캣츠」, 「오페라의 유령」 등과 같은 멋진 뮤지컬 작품들이 만들어졌다. (퍼온 글)

에디슨도 엉뚱한 질문을 끊임없이 해서 다른 아이들의 수업을 방해한다고 학교에서 쫓겨났다. 스티브 잡스도 산만 증후군이었고, 빌 게이츠도 휴학을 하며 심리 치료를 받았다. 워렌 버핏도 소심한 성격으로 여자 앞에만 서면 부자연스러워지곤 했고, 언어 치료를 받았다. 이들 모두 단점만 보면 문제아로 전락할 뻔한 사람들이지만, 그 가운데서 장점을 보고 그 장점을 잘 부각하여 인생을 대성공으로 이끈 사람들이다. 이들이 이렇게 될 수 있었던 것은, 이들 안에 있는 잠재력을 발견한 질리언 린을 상담했던 치료사와 같은 분들이 있었기 때문이다.

우리 모두에게는 하나님이 주신 은사와 재능이 있다. 그것은 내가 나이기에 있는 것이다. 나의 잠재력인 것이다. 하나님이 내 안에 숨겨두신 가능성이다.

필자가 신학교를 졸업하고 군대를 다녀와 1983년에 첫 담임목사로 부임했다. 지금은 김포가 신시가지로 많이 발전하였지만, 당시만 해도 하루에 버스가 두 번밖에 다니지 않았고, 비가 오면 장화를 신지 않고는 걸을 수조차 없는 그런 농촌 마을이었다. 나에게는 첫 목양지였는데, 여기서 있었던 일이 기억난다.

예배당 본당이 있고 작지만 교육관 건물이 있었는데, 누군가 교육관 건물 벽에 잔뜩 그림을 그려 놓았다. 나와 아내가 지우면 또 그려져 있고, 지우면 또 그려져 있고를 반복했다. 이러는 가운데 어린이부 예배를 드리는데, 조용히 정성으로 예배를 드리던 아이들이 간혹 기도 시간에 여기저기서 까르르 까르르 웃는 소리가 들렸다. 거의 대부분 참다 참다 못해 푸하하 웃음보가 터진 그런 소리였다.

그러던 어느 날, 한 아이에게 기도를 시키고 웃음소리가 날 때 눈을 뜨고 보았다. 1학년 남자아이 하나가 색연필을 가지고 아이들 발바닥에 그림을 그리고 있었다. 아이들이 기도할 때 무릎을 꿇고 하는데, 이때 양말을 신고 오지 않은 아이들의 발바닥이 대상이었다.

"예배를 방해하고 교육관 벽에 그림을 그리던 애가 바로 너였구나, 괘씸한지고!"

예배를 마치고 단단히 야단을 치려고 이 아이를 불렀다. 이 아이가 잔뜩 긴장하고 떨면서 왔다. 그런데 내가 미처 야단을 치기도 전에 아내가 이 아이를 먼저 꼭 안아주는 것이었다. 그리고 아이에게 말하는 것이다.

"얘야, 넌 참 대단하구나. 어쩜 그렇게 그림을 잘 그리니. 나와 같이 우리 친구들의 모습을 한번 그려보지 않겠니?"

참고로 아내는 결혼 전 유치원 원장으로 오랫동안 일했다. 이 아이는 눈이 휘둥그레졌다. 전도사님에게 야단맞을 거라고 잔뜩 주눅이 들어 왔는데, 자기가 제일 잘 할 수 있고 자신 있는 그림을, 그것도 사모님이 같이 그리자고 하니 너무 신이 난 것이었다.

그 후 이 아이는 매일매일 동네 아이들의 모습들과 매 주일 교회에서 예배드리는 아이들의 모습을 신나게 그려 나가기 시작했다. 물론 그림 만화책 1권이 나왔다. 나와 아내가 참 재미나게 봤다. 교회도 잔치 분위기였고, 이 아이의 집도 경사가 났다. 이 일로 인해 이 아이의 엄마, 아빠, 할머니, 할아버지, 증조할머니까지 다 교회로 전도가 되었다. 이 아이는 커서 지금은 한국의 대표적인 만화가 중 한 사람이 되었다.

우리의 주변에는 질리언 린, 스티브 잡스, 빌 게이츠, 워렌 버핏 그리고 이 아이와 같이 문제아로, 산만 증후군으로 보이는 아이들이 있다. 그러나 하나님은 이들 안에도 무한한 잠재력을 심어 놓으셨다. 우리는 이들을 섣부르게 판단하고 야단치고 정죄하지 말고, 믿는 자들답게 하나님이 이들에게 주신 가능성을 무한대로 끌어올려, 하나님과 교회와 세상을 섬길 수 있는 통로가 되게 해야 한다.

내가 어렸을 적에 시골에 가면 동네마다 펌프가 있었다. 그리고 그 펌프 옆에는 꼭 물이 채워져 있는 작은 바가지가 하나 있었다. 이런 문구와 함께.

"펌프질을 한 후에는 반드시 바가지에 물을 채워 놓을 것!"

이 바가지 물을 넣고 펌프질을 해야 물이 나온다. 이 바가지의 물을 넣지 않고는 아무리 펌프질을 해도 절대로 물은 나오지 않는다. 이 한 바가지의 물을 '마중물'(Calling Water)이라고 부른다. 우리 믿는 자들은 하나님이 자녀들에게, 각 사람에게 주신 무한한 가능성과 잠재력을 끌어내 하나님과 교회와 세상을 섬길 수 있도록 해주는 통로, '마중물'이 되어야 한다.

이런 마음으로 남편이 아내를, 아내가 남편을, 부모가 자녀를, 자녀가 부모를, 목회자가 교인들을, 교인들이 목회자를, 내가 지인들을, 지인들이 나를 바라볼 수 있다면, 코로나 때문에 아직은 힘든 이 봄을 서로 격려하고 배려하며 함께 넉넉히 견뎌 나갈 수 있지 않을까? 부활하신 주님과 함께 생명을 나누면서 말이다.

피로스의 승리

    기원전 280년의 일이다. 에피로스의 왕이었던 피로스는 이탈리아반도를 넘어 지중해 연안을 제패하고자 패권을 다퉜다. 이를 위해 피로스가 가장 먼저 해야 할 일은 당시 이탈리아의 신흥 강국 로마를 물리치는 일이었다. 피로스 왕은 에피로스가 자랑하는 코끼리 부대를 이끌고 이탈리아 원정에 나섰다. 그러나 이에 맞서는 로마 연합군의 전력도 만만치 않았다. 병력과 화력으로 본다면 로마가 우위를 점하고 있었다. 그러나 전투는 지리한 공방이 계속되었지만, 결국 힘겹게 에피로스의 승리로 끝났다.

    에피로스는 전투는 승리했지만 피해도 적지 않았다. 기원전 279년 다시 피로스는 휘하 부대를 이끌고 서쪽의 아풀리아 공략에 나섰다. 이번에도 맞서는 로마 연합군의 병력은 에피로스 연합군을 능가했다. 양측 부대는 아스쿨룸에서 맞붙었다. 치열한 난전이 이틀 동안 계속되었다. 에피로스 군은 보급품을 쌓아놓은 본진까지 유린되는 피해를 입었지만, 최종적으로 후퇴한 쪽은 로마 연합군이었다. 피로스는 다시 한번 승리를 거뒀다.

그러나 피로스의 승리는 공짜가 아니었다. 에피로스도 1만5천 명의 병사를 잃었다. 이번에도 이전과 같이 전사자의 상당수는 그리스 본토에서 온 정예 병력이었다. 전투에 이기더라도 이러한 추세가 계속되면 더 이상 전쟁을 계속할 방법은 없게 된다.

피로스 왕은 부하들에게 "이런 식의 승리를 한 번 더 하게 되면 우리는 완전히 망하고 만다."라고 말하면서, '패배와 다름없는 승리'를 자책하며, 이탈리아 패권을 포기하고 말았다. 이처럼 승리했지만, 실속이 없는 '패배와 다름없는 승리'를 '피로스의 승리'라고 부른다. (퍼온 글)

우리 주변에 이런 '피로스의 승리'가 얼마나 많은가? 부부, 부모와 자식들, 형제자매들 등의 가족 간의 분쟁에서도, 목사와 목사, 목사와 성도, 교인과 교인들 등 교회 안에서의 갈등에서도, 이웃 그리고 각 기관이나 단체들, 사회와 나라 안에서도, 각계각층에서도 혹은 재산 분쟁이나 감정싸움들 안에서도 흔히 나타나는 현상 중 하나가 '피로스의 승리'이다.

우리 삶 안에서 수없이 반복되어 일어나는 모든 반목, 갈등, 분쟁과 싸움의 결과이기도 하다. 실제로 이기기는 이겼는데, 이긴 후 나타나는 결과를 보니 모든 관계가 파괴된 삶의 현장만이 남았을 따름이다. 우리의 삶 안에서 나에게 정말 중요한 목표 자체가 타인과 대중을

이기는 승리인가? 아니면 조금 부족하더라도 평화롭게 함께 사는 상생인가?

우리에게 정말 중요한 것은 피로스의 승리가 아니다. 서로를 이해하고 배려하고 격려하며 함께 평화롭게 사는 일이다. 이 안에 은혜와 평화가, 새 힘과 능력과 지혜가 있기 때문이다. 그러나 오늘의 현실은 그렇지 않다. 주변에서 흔히 볼 수 있는 현상들 가운데 하나는 자기가 힘과 능력이 있다고 자기보다 못한 타인의 마음과 정신과 생활의 구성 요건들을 지배하여 자기 뜻대로 움직이게 만들려고 하는 사람이 있다. 의외로 여느 공동체 안에도 더군다나 교회 안에도 이런 사람이 많다는 데 놀라 흠칫 소름이 돋기도 한다. 이런 사람은 '피로스의 승리가 주는 저주'가 자기 삶의 파괴라는 것을 분명히 직시해야 한다. '논쟁은 이길지 몰라도 친구는 잃는다.'라는 성인들의 말도 이런 차원에서 나온 말일 것이다.

'피로스의 승리가 주는 저주'를 극복하기 위한 바울의 처방은 '자기보다 남을 낮게 여기는 겸손'이다(빌 2:3). 예수의 처방은 '화평케 하는 자가 되라'는 것이다. 예수는 산상수훈 8복을 통해 우리가 어떻게 하나님의 아들이 될 수 있는지를 말씀해 주셨다. 그것은 바로 '화평케 하는 자, 평화를 만드는 자가 되는 것'이다(마 5:9).

오늘 '피로스의 승리와 저주'가 내면적으로 많이 존재하는 이민사회, 이민교회 안에서 가장 필요한 신앙의 덕목이 무엇일까를 생각해 본다. 예수께서 전하시는 '화평케 하는 자', 바울이 전하는 '자기보다 남을 낮게 여기는 겸손'일 것이다.

요즈음 교회 안에서도 코로나로 인해 힘겨운 시간들을 보내고 있다. 이때 악한 영들이 우리를 피로스의 승리로 툭툭 건드리기 쉽다. 이때 우리 모두는 '피로스의 승리의 저주'를 떠올리며 영적인 무장을 단단히 해야 한다. 그래서 어떤 상황에서도 내가 반드시 꼭 이겨야 한다는 승리의 목표와 자존심에 도취하여 나 자신도, 이웃도 다 잃어버리는 '피로스의 승리의 저주'를 '화평과 겸손'으로 다스려 '평화와 상생'의 가정과 교회와 사회를 만들어가는 은총이 우리 모두에게 있기를 축복한다.

농부가 소의 짐을 거들어주는
모습만으로도

장편소설 『대지』로 1933년 노벨 문학상을 받은 펄 벅 여사가 1960년에 우리나라를 처음 방문했을 때의 일이다. 그녀는 일행과 함께 해가 뉘엿뉘엿 질 무렵, 경주 시골길을 지나고 있었다.

한 농부가 소달구지를 끌고 가고 있었다. 달구지에는 가벼운 짚단이 조금 실려 있었고, 농부는 자기 지게에 따로 짚단을 지고 있었다. 합리적인 사람이라면 이상하게 볼 광경이었다. 힘들게 지게에 짐을 따로 지고 갈 게 아니라, 달구지에 짐을 싣고 농부도 타고 가면 아주 편할 텐데… 통역을 통해 그녀는 농부에게 물었다.

"왜, 소달구지에 짐을 싣지 않고 힘들게 갑니까?"

그러자 농부가 대답했다.

"에이, 어떻게 그럴 수 있습니까? 저도 일했지만, 소도 온종일 힘들게 일했으니 짐도 나누어서 지고 가야지요."

그녀는 농부의 말에 감탄하며 말했다.

"저 장면 하나로 한국에서 보고 싶은 걸 다 보았습니다. 농부가 소의 짐을 거들어주는 모습만으로도 한국의 위대함을 충분히 느꼈습니다."

당시 우리나라 농촌에서는 흔히 볼 수 있는 풍경이었지만, 그녀는 고국으로 돌아간 뒤 이 모습을 세상에서 본 가장 아름다운 풍경이었다고 고백했다. 비록 말 못하는 짐승이라도 지극히 사랑하는 마음으로 존귀하게 여겼던 농부처럼, 우리는 본디 작은 배려를 잘하는 민족이었다. 그런데 요즘은 어떤가? '나만 아니면 된다.'라는 식의 이기적인 사고로 꽉 차 있지는 않은가? 내가 좀 손해 보더라도 서로의 짐을 나누어지고 함께 걷는 것, 말 못하는 짐승이라도 존귀하게 여겼던 농부의 배려심을 닮아가는 것, 배려심이 부족한 지금 우리에게 강한 울림을 준다. (퍼온 글)

그동안 잊고 살았던 농촌의 한 장면을 떠올리게 해 준 이야기라 옮겨 보았다. 나의 일상에서 부딪히는 매 순간의 사건들 안에 있는 사람들을 항상 배려하며 산다는 것은 그리 쉬운 일이 아니다. 그러나 그리하며 살아보리라고 마음먹은 사람들에게 주어지는 선물은, 그 수고와는 비교되지 못할 정도로 어마어마할 것이다. 배려는 마음의 울림 즉 '감동'을 준다. 감동은 '소통과 공감'을 일으킨다. 소통과 공감은 함께 인생길 가는 '진정한 벗'을 만들어 준다. 진정한 벗은 인생을 서로가 외롭지 않게, 멋지게, 아름답게, 감미롭게, 행복하게 느낌으로 함께 살게 한다. 이 모든 것이 바로 배려의 힘이요, 선물이다.

고대 그리스 아테네의 시인이자 극작가인 메난드로스는 말하기를 '마음을 자극하는 단 하나의 사랑의 명약, 그것은 진심에서 나오는 배려'라고 했다. 그런데 오늘날 나와 우리는 그렇게 살지 못하고 있다. 그 요인이 무엇일까 생각해 본다.

무엇이든 나를 중심으로 생각하고 출발하는 '이기심', 무엇 하나를 해도 어차피 비교되는 현실에서의 '경쟁심', 살아가는 상황 안에서 어쩔 수 없이 부대껴야 하는 '무한 생존 투쟁과 욕심', 점점 빠른 속도로 달려오는 불확실한 미래에 대한 '불안'과 미처 준비 부족에서 오는 '조급함', 아니면 정반대로 무한 생존 경쟁에서 승리가 가져다주는 '자만심' 등등 그 수도 셀 수 없을 정도로 많은 원인이 내 안에서 복잡하게 얽히고설켜 작용하여 나의 '평정심'을 빼앗아 간다.

사단은 이렇게 인간의 죄된 본성들을 적극 이용하여 우리를 '초조, 불안, 교만'으로 끌고 간다. 그리고 궁극적인 목적인 '평화'를 빼앗아 간다. 평화를 빼앗긴 사람은 그냥 놔둬도 주변 관계된 사람들에게 많은 상처들을 주며 파멸을 향해 굴러간다. 우리는 이런 사단의 올무를 예수 그리스도의 이름으로 끊고 나가 주께서 주시는 평화를 되찾아야 한다. 주께서 주시는 인생의 참된 행복과 기쁨과 감사를 회복해야 한다. 그러려면 어떻게 해야 할까?

예수쟁이들은 모든 물음에 대한 답을 성경에서 찾아야 한다. 사람은 물어보고 성경은 대답한다. 성경으로 돌아가야 한다. 주께서는 일단 가장 먼저 '모든 일을 다툼이나 허영으로 하지 말고', 우리의 마음에 '각각 자기보다 남을 낫게 여기는 겸손한 마음'을 가지라고 하신다. 그리고 우리가 "나의 일뿐만이 아니라 다른 사람들 일을 돌봐줄 때 주님이 기뻐하신다."라고 하셨다.

이 마음은 예수 그리스도의 마음이니 우리에게 이 마음을 품으라고 말씀하신다(빌 2:1-8). 바로 주께서 이 땅에 오시고 십자가를 지셨던 그 마음을 품고 역부족일지라도 그렇게 실천하려고 씨름하고 몸부림 치는 삶을 살라고 하신다. 이때 역사와 시대의 변곡점인 제4차 산업혁 명의 시대가 우리에게 주는 부정적 영향들인 '초조, 불안, 무한 경쟁, 생존, 갈등, 분열, 투쟁, 압박, 욕심과 욕망, 고독, 소외' 속에서조차도 주가 주시는 평화를 잃지 않게 될 것이다.

겸손한 마음으로 함께 돌보며 배려와 격려로 살아갈 때 주께서 주시는 평화를 지켜나갈 수 있을 것이고, 그때 감동과 소통과 공감이 함께 하는 인생의 벗들, 천국 길 함께 가는 친구들과 함께 크로노스(세 상의 시간) 안에서 카이로스(하나님의 시간)를 행복하게 살게 될 것이다. 이런 평화와 행복과 감사와 기쁨이 회복되기를 기도하며 소망한다.

화 다스리기

　인류 역사상 손꼽히는 넓은 땅을 정복한 몽골의 칭기즈칸에게 큰 뉘우침을 준 사건이 있었다. 칭기즈칸은 사냥을 나갈 때면 늘 매를 데리고 다녔고, 그 매를 사랑하여 마치 친구처럼 여기며 길렀다.

　하루는 사냥을 마치고 돌아오는 길에 그는 손에 들고 있던 매를 공중으로 날려 보내고, 자신은 목이 말라 물을 찾았다. 가뭄으로 개울물은 말랐으나 바위틈에서 물이 똑똑 떨어지는 석간수를 발견할 수 있었다. 그가 떨어지는 물을 잔에 받아 마시려고 하는데, 난데없이 바람 소리와 함께 그 매가 손을 쳐서 잔을 땅에 떨어뜨리는 것이었다. 그렇게 계속해서 방해하자 칭기즈칸은 몹시 화가 났지만, 화를 참고는 다시 물을 받았다. 그런데 이번에도 물을 마시려는 순간 매가 날아와서는 잔을 떨어뜨렸다.

　그러자 그는 재빨리 칼을 휘둘러 매를 베었다. 그리곤 죽은 매를 치우면서 물이 흐르던 바위 위를 보게 되었는데, 그곳에는 죽은 독사가 샘물 안에서 썩고 있던 것이었다. 만약 칭기즈칸이 그 물을 마셨더라면 뱀의 독으로 목숨을 잃을 수도 있었을 것이다.

그 매는 그것을 알고 물을 계속해서 엎어버렸다. 이 사실을 알고 칭기즈칸은 금으로 매의 동상을 만들어 양 날개에 각각 다음과 같은 문구를 새겼다고 한다.

"분노로 한 일은 실패하기 마련이다."

"설령 마음에 들지 않는 행동을 하더라도, 벗은 여전히 벗이다." (퍼온 글)

'화, 분노'. 정말 상당히 스스로 경계해야 한다. 순간적인 분노의 표출은 당시 자기감정을 시원하게 해 줄 수는 있어도, 그것은 잠깐일 뿐, 그 이후에는 분노한 것을 애써 모면하고 정당화하려고 취하게 되는 고집과 아집들이 생기게 된다. 이로 인한 관계와 일들의 단절과 파괴는 부정적인 결과들을 더 많이 도출하게 된다.

강승걸 교수(길병원 정신건강의학과)는 '분노'에 대해 다음과 같이 말한다.

"'분노'는 본능적 감정이 순간적인 말 또는 행동으로 표현되는 것으로, 이런 분노를 통제하지 못하는 분노 조절 문제는 다양한 원인에 기인한다. 대표적으로 과도한 스트레스에 장기 노출, 마음속 억눌린 화 누적, 성장 과정 중 정신적 외상, 낮은 자존감이나 열등감, 무시당한 다는 생각, 특권의식이나 피해의식, 뇌의 감정조절 기능 저하, 폭력에 대한 처벌이 약한 사회나 문화적 환경 등이다. 자주 분노를 느끼는 사람들은 독선적이거나 일방적 성격인 경우가 많다. 분노 조절 문제를 안고 있다면, 본인은 느끼지 못하지만, 가족들과 주변 사람들은 큰 고통 속에 살고 있을 수 있다.”

이러한 분노를 스스로 조절하지 못하는 것을 ‘분노 조절 장애’라고 한다. 우리 주변이나 교회 안에서도 흔히 이런 사람들을 접할 수 있다. 자기가 하고 싶은 대로 잘 안되면 시도 때도 없이 불쑥 화를 내거나, 자기 분노를 실컷 다 표출해 위협적 상황을 만들어 주변을 불편하고 불쾌하고 불안하게 만든다.

그러고는 ‘지나간 일들이니 다 잊읍시다.’ 하며 자기는 꽤 쿨한 사람인 양 스스로 멋지다고 착각하며 사는 사람들이 많다. 그러나 이들은 실제로 ‘분노 조절 장애’라는 정신질환을 앓고 있는 사람일 경우가 대부분이다.

근래에는 “코로나19로 인해 외부 활동이 제약되고, 재택근무가 늘어나면서 우울감인 ‘코로나 블루’를 넘어서 우울증 단계인 ‘코로나 블랙’을 호소하는 사람이 증가하고 있다.”라고 한다. 이때 그냥 지나칠 수도 있는 일상에서 화를 내고 순간적인 분노의 표출로 소중한 것들을 잃어버리게 된다. “그렇다면 우리는 ‘분노 조절’을 어떻게 극복해야 하나?”라는 질문을 던지지 않을 수 없다.

전문가들은 “분노가 치미는 순간에 1~2분 참고 1부터 100까지 숫자를 세거나 견딜 수 없으면 상황을 피하는 것, 상대의 입장이 되어 보는 역지사지의 입장을 취해 보는 것, 불만스럽거나 힘든 상황에서도 유머로 상황을 대응하는 것, 표현법 개선, 격렬한 감정이 치밀

때는 잠시 참으며 유연한 사고를 갖는 게 중요하다."라고 조언한다.

성경은 분노가 치밀 때 유순한 대답이 분노를 쉬게 한다(잠 15:1)라고 한다. 그리고 거룩한 손을 들어 기도하라(딤전 2:8)고도 한다. 그럼에도 불구하고 분노를 낸다면 그것으로 인해 죄까지는 짓지 말고 해가 질 때까지 그 분노를 삭이라고 말한다. 만약 그리하지 못하고 계속 분을 품고 있다면, 그 '분'이 마귀가 들어오는 틈과 통로가 된다(엡 4:26-27)고 한다.

그렇다. 우리의 지난날을 되돌아보면 인생의 가장 큰 실수는 항상 분노했을 때 내린 결정들일 것이다. 그러기에 칭기즈칸은 금으로 매의 동상을 만들어 한 날개에 "분노로 한 일은 실패하기 마련이다."라는 문구를 새긴 것이다. 우리는 화가 났을 때 어떤 일일지라도 조급하게 판단하지 말고, 판단과 결정을 유보하는 것이 현명한 자세이다. 자연스럽게 자동으로 그렇게 되도록 나 스스로 계속 훈련해 나가야 한다. '분노 조절, 자기 절제, 자기조정 능력'인 것이다. '성숙한 진가'이다. 이것은 평범한 상황에서는 절대 나타나지 않는다. 오히려 힘들고 고통스럽고 화가 나는 상황과 순간에 나타난다.

올해 가을도 우리의 기대와는 달리, 코로나 블루·레드·블랙(우울·분노·절망) 안에서 맞게 된다. 코로나로 인해 피폐해져 가는 일상에서 이유 있는 분노와 까닭 없이 화가 치밀어 올라도, 스스로 그 '분'을 유순한 대답과 기도로 다스리며 해질 때까지 해결해 나가려고 노력할 때, 나는 물론이고 주변 이웃들을 조금은 더 감사와 기쁨으로 만나게 되는 풍요로운 계절이 될 것이다.

'위드코로나' 시대의 아름다운 이야기들

하와이군도 북서쪽 끝에 '카우아이'라는 작은 섬이 있다. 영화 촬영지로도 유명한 이 섬이 한때는 '지옥의 섬'이라 불렸다. 그곳에 사는 많은 주민이 범죄자, 알코올 중독자, 정신질환자였기 때문이다. 어린아이들과 청소년들은 그런 어른들을 보고 배우며 똑같이 범죄자, 중독자로 자라고 있었다. 그리하여 학자들은 이 섬을 주목하면서 '카우아이 섬의 종단연구'라는 프로젝트를 시작했다.

1955년에 태어난 신생아 833명이 30세 성인이 될 때까지의 성장 과정을 추적하는 매우 규모가 큰 프로젝트였다. 많은 학자와 사람들의 예상은 대부분 "불우한 환경에서 자란 아이들은 인생에 잘 적응하지 못해 비행 청소년이 되거나 범죄자, 중독자의 삶을 그대로 답습하며 살 것이다."라는 것이었다.

심리학자 에미 워너 교수는 833명 중 고아나 범죄자의 자녀 등 가장 열악한 환경에서 자라고 있는 201명을 따로 정해 그들의 성장 과정을 집중적으로 분석했다. 그런데 3분의 1에 해당하는 70여 명에게는 모든 사람의 예상을 뒤엎은 뜻밖의 결과가 나왔다. 그들은 학교에서 뛰어난 성적을 거두고 대학교 장학생으로 입학하는 등 좋은 환경에서 자라난 아이들보다 더 모범적으로 성장했다. 에미 워너 교수는 이런 결과가 어떻게 나왔는지 궁금했다.

조사 결과, 이들에겐 하나의 공통점이 있었다. 아이들에게는 끝까지 자기 편이 되어 믿어주고 공감해주고 응원해주는 어른이 최소한 한 명이라도 곁에 있었다는 것이다. 그들에게는 엄마, 아빠, 할아버지, 할머니, 삼촌, 이모, 목사님, 선생님 등등, 실패해도 좌절해도 더 나은 내일을 무조건 믿어주고 응원해주는 '그 한 사람'이 있었던 것이다. 그렇기에 자신의 환경을 극복하며 비관하지 않고 밝게 자랄 수 있었다. 상담학에서는 '그 한 사람'을 '의미있는 타인'(Significant other)이라고 부른다. (퍼온 글)

우리에게도 이렇게 삶의 위기의 순간에, 삶의 좌절과 절망의 시간에, 내 주변에는 아무도 없다는 처절한 고독을 겪을 때, 나를 믿어주는 사람이 하나도 없어 너무나 억울하고 원통한 바로 그 순간에, 나에게 "그랬구나, 참 힘들었겠구나!"라고 공감하며 나를 믿어준 '그 한 사람'이 있었는가? 만약 있었다면, 나의 인생의 긍정적인 선한 면들은 '그 한 사람'으로 인해 생겨났을 것이다.

보지도, 듣지도, 말하지도 못했던 말썽꾸러기 헬렌 켈러는, "나는 앤 설리반 때문에 세상에 나올 수 있었다."라고 말했다. 헬렌 켈러에게

'그 한 사람', '의미있는 타인'(Significant other)은 바로 앤 설리반 선생이었다. 오늘 나에게 의미 있는 타인인 그 한 사람은 누구인가?

가장 먼저 '성경'이다. 성경으로 말씀하고 역사하며 치료하는 하나님이시다. 희망이 필요한 사람은 성경 앞에 서야 한다(역대하 20: 12-13).

그리고 다음으로는 '신앙의 동역자'이다. 여호수아에게는 모세, 다윗에게는 사무엘, 디모데에게는 바울이라는 멘토가 있었다. 누구를 멘토로 만나느냐에 따라 인생의 가치관이 형성되며 사람을 바꿔 놓게 된다. 만약 이 멘토가 한 사람이라도 있다면 행복한 사람이 아닐 수 없다. 나도 그런 멘토가 되려고 노력해야 한다.

그리고 또 그다음으로는 '부모'이다. 부모의 삶의 모습은 자녀들에게서 그대로 보여지게 된다. 부모가 치열하게 살면 자녀들도 치열하게 살게 된다. 엄마가 눈물을 흘리며 기도하는 모습을 보고 자라난 자녀들이 역시 눈물을 흘리며 기도하게 된다. 돋보기 너머로 성경을 보는 아빠의 모습을 보고 자라난 아이들이 자기가 힘들고 어려울 때, 성경을 보고 지혜를 구하게 된다. 아프고, 어려워도 교회에 나가 봉사하고 헌신하는 부모를 보며 자라난 아이들이 커서도 복음에 헌신하는 자녀들로 자라나게 된다. 하나님 눈에 띄는 자녀들, 하나님이 주목하시는 우리 아이들이 된다. 하나님이 관심하는데 무엇이 더 필요하겠는가? 이것이 신앙의 유업이요, 믿음의 유산인 것이다.

미국 사우스 앨라배마 대학교의 교수이자 학술원 작가였던 루이스분(Louis E. Boone)이 유명한 말을 남겼다. "인생에서 가장 슬픈 세 가지가 있다. 1) 할 수도 있었는데(could have), 2) 해야 했는데(might have), 3) 해야만 했는데(should have)이다."

우리는 지금도 의미 있는 타인이 되기에 늦지 않았다. 코로나로 모두가 힘이 들다. 이제 '위드코로나' 시대로 들어간다. 이때 우리 모두 서로에게 '그 한 사람', 즉 '의미 있는 타인'(Significant other)이 되어준다면, '위드코로나' 시대에도 우리 영혼이 자유함을 누릴 것이다. 주변은 사람과 사람이 살아가는 아름다운 격려와 응원, 그리고 진솔한 배려의 이야기들이 많이 만들어지고 물결처럼 번져 나가게 될 것이다. 그리고 그 안에서 인생의 가치와 기쁨 그리고 감사와 행복을 나누며 느낄 것이다. 이 가을에 기도하며 기대해 본다. 내가 이웃과 자녀들에게 '의미 있는 타인'이 되기를!

오만과 겸손의 사이클

어느 회사에서 인재를 채용한다는 공고가 올라오자 많은 청년이 유명 인사의 추천장을 받아 제출했다. 그런데 추천장도 없이 면접을 보러 왔던 청년이 채용되자, 한 직원이 인사 담당자에게 물었다.

"추천서도 받아 오지 않은 사람을 채용한 이유가 무엇인가요?"

인사 담당자는 말했다.

"사실 그 청년은 가장 빼어난 세 가지 추천장을 갖고 왔습니다."

그러자 직원이 의아해하면서 말했다.

"저는 그 청년의 추천서를 접수한 적이 없는데요."

이어 인사 담당자가 말했다.

"그 청년의 추천장 세 개는 첫째, '친절한 성품'입니다. 다리가 불편한 다른 사람에게 먼저 자리를 내어주는 모습을 보였습니다.

둘째, '사려 깊고 정갈한 성품'입니다. 바닥에 떨어진 휴지를 보고 주워 휴지통에 넣는 모습과 그때 눈에 들어왔던 그 청년의 단정한 옷과 정돈된 손톱을 봤습니다. 셋째, '배려하는 성품'입니다. 면접이 다 끝나고 다리가 불편하여 천천히 나가는 앞사람이 미안해하지 않게 물러섰다가 들어오는 모습을 지켜봤습니다."

즉 그 청년의 몸에 밴 좋은 습관이 최고의 추천장이었던 것이다. 사람의 오래된 생각과 심성은 행동으로 나타나고, 이는 곧 습관이 된다. 나쁜 습관이든 좋은 습관이든 '습관'은 결국 인성의 조각들인 셈이다. 그 사람이 어떤 사람인지는 쌓아온 지식이 아닌, 행동을 통해 나타나는 법이다. (퍼온 글)

영국의 시인이자 극작가, 비평가인 존 드라이든(John Dryden)은 "처음에는 우리가 습관을 만들지만, 그다음에는 습관이 우리를 만든다."라고 말한 것도 같은 맥락이다.

한국은 요즘 얼마 남지 않은 대선으로 많이 시끄럽다. 대선후보들이 서로를 향한 비난 수위가 갈수록 높아지고 있다. 또한 대선후보 아내들과 관련한 여러 사건까지 더해져서 여간 낯 뜨거운 것이 아니다. 공식 선거기간 동안 광화문 시청, 서울역 광장 등등 후보들의 유세 트럭들에서 흘러나오는 확성기들은 너무 심각한 소음공해여서 괴로울 지경이다. 이런 가운데 삼삼오오 모이기만 하면, 누가 대통령이 되든 이 중차대한 시기에 대한민국을 온전히 이끌어갈 수 있을까에 대한 고민을 서로 주고받는 것이 일상이 되었다.

버클리대학 언어학과의 석좌교수이자 인지언어학의 창시자 중 한 사람이고 정치 프레임 구성 분야의 최고 전문가인 조지 레이코프 (George Lakoff)는 말한다. 사회적 쟁점을 둘러싼 진보와 보수의 프레임 전쟁 속에서 치러지는 "모든 선거에서는 가치가 정책을 이긴다."라고. 이것은 정책이 아주 인기가 높을 때도 적용된다고 한다.

이번 대선의 가치는 대략 '공정, 평화, 안전, 통합'으로 나타나는 것 같다.

'공정의 가치'는 이미 폭로되어 공개된 대선후보들과 그들의 아내 문제로 벌써 일찌감치 무너져 국민에게 상대적 박탈감으로 작용했다.

'평화의 가치'는 러시아의 우크라이나 침공과 올해 들어서만 8번째인 북한의 미사일 발사 등으로 그 의미가 더욱 강화되고 있다.

'안전의 가치'는 세 차례의 대유행과 사회적 거리두기의 격상에서 오는 무력감과 단절의 심화로 인한 우울증을 유발하고 있다. 그리하여 '코로나 블루'(Corona Blue), 이를 넘어 '코로나 레드'(Corona Red), '코로나 블랙'(Corona Black)이라는 신조어마저 등장할 정도로 코로나 팬데믹이 일상의 민생 측면에서 처리해야 할 아주 중요한 항목으로 떠올랐다.

'통합의 가치'는 현대판 당쟁이라 빗대어지는 분열과 대결의 시대를 이젠 그만 끝내고 싶은 국민들의 무의식과 연결되어 있다. 이 가운데 역사적인 위기와 대전환의 시대에 있어서 '국민통합의 가치'는 특히 정치의 영역에서는 다른 모든 가치에 우선한다. '공정, 평화, 안전, 민생 문제'도 국민통합을 통해서만 더 효율적으로 극복해 낼 수 있기 때문이다.

그런데 이번 대선 기간을 통해 대선 후보들의 쉴 새 없이 쏟아져 나오는 공약들, 하룻밤 자고 일어나면 무엇이 옳은 것인지조차 판단하기 쉽지 않은 멈추지 않는 의혹들의 폭로와 공방과 변명들이 난무한다. 결집을 호소하며 거리거리를 가득 채운 지지자들의 환호와 결사 항쟁의 유세들, 서로가 흠집을 내려고 눈에 불을 켜고 달려드는 것 같다.

준비된 토론회 그리고 이 같은 상황에서 매일같이 나오는 지지율을 살펴볼 때, 재미난 현상을 발견하게 된다. 바로 '오만과 겸손의 사이클'이다. 대선후보 누구든지 오만할 때 지지율이 떨어지고, 겸손할 때 지지율이 올랐다. 이렇게 한 나라의 지도자로서 가장 중요한 가치인 '통합의 가치'는 '겸손'이라는 것을 국민들은 스스로 무의식적으로 그들에게 보여주고 있었다. 대선후보들은 이를 가장 뼈저리게 깊이 받아들여야 한다.

오늘 대선후보들이 들고나온 추천장을 본다. '학력, 경력, 스팩, 업적' 등이 빼곡하게 적힌 추천장이 아니라, 위에 언급한 '추천장 없이 면접 보러 온 청년'처럼 '친절하고 사려 깊고 정갈하며 배려심이 강한 성품' 등 몸에 밴 좋은 습관들이, 삶의 인성 조각들이 대선후보들의 최고의 추천장이 되기를 바라마지 않는다.

그중에서 가장 큰 추천장은 '겸손'이다. 상황에 따라 수없이 변하는 도무지 신뢰할 수 없고 비굴하기까지 한 '립 서비스' 그리고 후보 기간에만 넙죽넙죽 절하는 그런 목적과 이유 있는 '겸손'이 아니다. 오랜 기간 삶으로 살아내어 쌓이고 녹아들어 언제 어디서나 어떤 상황에서도 일관된 지속성으로 그 가치를 발현하는, 그리고 당선 전후가 같은 '겸손'이어야 하는 것이다. 대선후보들에게 이러한 겸손을 요구한다면, 너무 무리한 일일까?

하나님 말씀이다.

"사람의 마음의 교만은 멸망의 선봉이요 겸손은 존귀의 길잡이니라." (잠언 18:12)

대한민국을 이끌어갈 좋은 지도자가 선출되기를 기도한다.

2F, 'Forget · Forgive'

　'실증주의 신앙'에 필이 꽂힌다. 아무리 겉으로 튼튼하게 보이는 나무일지라도 열매가 없으면 병든 나무이고, 겉으로 비실비실해 보여도 열매가 탐스럽게 열리면 건강한 나무이다. 열매를 보아 나무를 알 수 있다(마 12:33). 이와 같이 믿음도 보인다. 입으로만 믿는 예수가 아니라 생활 속에서 예수가 나타나고 보여지게 살아야 한다. 이는 다름 아닌 우리가 살아가는 매일의 일상에서, 순간마다의 결단 속에서 우리의 착한 행실로 하나님께 영광 돌리는 삶(마 5:16)을 살아야 함을 말하는 것이다. 그 믿음의 길이 바로 우리가 드릴 영적 예배(롬 12:1)요, 그 길을 가는 자가 '영적 예배자'이다. 그 길을 살다 가신 한 분이 떠오른다.

　'ET 할아버지'로 알려진 채규철 (1937-2006) 선생이 마지막으로 남긴 말은 "저기가 어디야, 아름답구먼. 나 이제 급히 감세."였다. 함경도 함흥에서 농촌 목회를 하시던 목사의 아들로 태어난 그는, 6.25 당시 혼자 서울로 내려와 길거리나 천막 교회 한쪽 귀퉁이에서 새우잠을 자며 서울시립농업대(서울시립대학교의 전신)에서 공부했다. 그리고 졸업 후 덴마크로 가서 유학을 마치고 돌아와 당시 장기려 박사와 함께 일종의 의료보험인 "청십자의료조합운동"을 시작했다.

1968년 어느 날, 그는 뜻밖의 큰 자동차 사고로 온몸은 불에 타 숯검정처럼 변했다. 그러나 그의 운명은 끈질겼다. 30여 차례가 넘는 성형수술로 머리칼로 눈썹을 심고, 어깨 살갗을 떼어 눈꺼풀을 만들고, 입술은 가슴살로 되살렸고, 오른쪽 눈엔 의안을 넣었다. 손은 갈고리처럼 휘어져 손가락까지 오그라들었다. 오른쪽 눈은 끔뻑이질 않는 의안이며 왼쪽 눈은 살에 반쯤 파묻혀 버렸다.

그렇지만 그는 그 모진 고통에도 무릎을 꿇지 않았다. 병석에서 일어나자마자 다시 '청십자운동'에 가담하여 1982년까지 서울 청십자 의료협동조합의 책임을 맡아 열정적으로 일했으며, 1970년에는 간질 환자들의 복지 향상을 위해 '장미회'를 창립했다. 이어 1975년에는 '사랑의 장기기증 본부'를 창립해 돌아갈 때까지 헌신하였다. 가까운 사람들은 그를 '한국의 모세 채규철'로 불렀고, 철없는 아이들은 'ET 할아버지'라는 별명을 붙여주며 따라다녔다. ET는 '외계인 같이 생겼다.'라는 뜻이기도 하지만, '이미 타버린 사람'의 준말이기도 했다.

농촌 계몽운동에서 비롯된 그의 교육 사업은 1986년 경기도 가평에 설립한 '두밀리 자연학교'로 연결됐다. '어린이가 바로 세상'이라는 철학을 이곳에서 실천했다. 평생을 '계몽과 교육, 봉사사업'에 헌신한 성공회 신자인 그는 이렇게 말했다.

"우리가 사는 데 F가 두 개 필요해. 'Forget'(잊어버려라), 'Forgive'

(용서해라). 사고 난 뒤 그 고통 잊지 않았으면, 나 지금처럼 못 살았어. 잊어야 그 자리에 또 새 걸 채우지. 또 이미 지나간 일 누구 잘못이 어디 있어. 내가 용서해야 나도 용서받는 거야." (조선일보 관련기사 참조)

비록 외모가 흉측할지라도 날마다 때마다 하나님 나라를 위해 의미 있는 그 무엇인가를 할 수 있다는 것만으로도 큰 은혜이기에 그는 축복의 사람이었다. 그는 여전히 언제나 자신이 해야 할 일이 남아 있다고 믿었고, 그 믿음의 길을 열정으로 걸어갔기에 오늘까지 많은 이들에게 감동의 기억으로 남았다. 평생을 자기 몸을 '하나님이 기뻐하시는 거룩한 산 제물'로 드리는 '영적 예배'를 살았던 큰 어른이셨다.

지금 한국 사회는 대선 후 청와대 이전 문제부터 시작해서 너무나 심한 대립과 갈등을 겪고 있다. 정치인들과 실무자들을 시작으로 외연이 점점 국민들에게까지 확장되어 양극화되어 가고 있다. 정권교체기에 나타나는 일반적인 현상이라고 하긴 하지만, 한국 사회와 국민들을 '진보와 개혁과 보수'라는 프레임을 씌워 갈라놓는 정도가 갈수록 심하고 더욱 악화하여 우려를 낳고 있다.

이제 한국사회의 시대적 과제는 '국민통합'이 되었다. 이때를 사는 우리 크리스천들의 기준은 특정인도, 특정 정당도 아니다. 단연코 오직 하나 '하나님, 그분의 말씀인 성경'이다. 사단은 갈라놓는 '분열의 영'이고, 성령은 '하나 되게 하시는 영'이다. 이 시대를 살아가는 크리스천들은 "평안의 매는 줄로 성령이 하나 되게 하신 것을 힘써 지키는"(엡

4:3) '평화의 사도, 성령의 일꾼'으로 사단의 영을 물리쳐야 한다.

어느 때보다도 내가 서 있는 삶의 자리에서 그 사명과 역할이 더욱더 중요한 시기를 살고 있다. 그 안에서 'ET 할아버지'로 알려진 채규철 어른이 남긴 2F, 'Forget · Forgive'를 이번 사순절 기간에 예수 그리스도를 묵상하면서 다시 한번 마음에 새겨 본다.

우리 모두 각자의 삶의 현장에 십자가를 세우고, 말씀 앞에서 잊을 거 잊고, 지울 거 지우고, 내려놓을 거 내려놓고, 용서할 거 용서하고, '정의와 진리' 그리고 '사랑과 공의'가 강같이 흐르는 국민 대통합을 위해, 각자의 삶의 자리에서 쓰임 받아, 믿음의 길을 가는 오늘의 'ET', '작은 예수', '걸어 다니는 교회', '하나님 찾으시는 영적 예배자인 그 한 사람'이 바로 우리이기를 소망해 본다.

신앙의 탄성!

    1981년 여성 최초로 하버드 대학교 심리학과 종신 교수직에 임용된 엘렌 랭어(Ellen J. Langer)는 70~80대 노인 8명을 대상으로 재미있는 '시계 거꾸로 돌리기' 실험을 진행하게 되었다. 그들이 모인 곳의 집은 평범한 가정집 같았다. 그런데 그 가정집의 모든 것은 20~30년 전의 스타일로 가득 차 있었다. 그들은 20년 전의 기억을 다시 떠올리는 '시계 거꾸로 돌리기'의 추억여행에 초대된 것이었는데, 이 여행에는 두 가지 규칙이 있었다.

    첫 번째는 1958년으로 돌아가 그 시대를 사는 것처럼 행동하는 것이었다. 노인들은 매우 즐거워했다. "벤허", "북북서로 진로를 돌려라" 등의 영화를 처음 보는 것처럼 흥미진진하게 보고, 로즈메리 클루니의 노래와 냇 킹 콜의 노래를 들었다. 두 번째 규칙은 집안일을 직접 하는 것이었다. 운신도 힘든 노인들은 내켜 하지 않았지만, 그럼에도 노력해서 청소, 빨래, 요리 등을 직접 해냈다.

그런데 노인들에게 뜻밖의 결과가 나타났다. 보호자의 도움 없이 서 있는 것조차 힘들어하던 노인들이 시간이 지나자 혼자 옷을 입고, 계단을 내려가고, 식욕도 크게 늘었다. 마치 몸과 마음이 진짜 20~30년 전으로 돌아간 것 같았다. 시간의 흐름 속에서도 젊음과 건강을 단순한 지난날의 추억으로만 치부하지 않고, 내 마음속의 한계를 깨트릴 수 있다면, 정신은 육체의 힘듦과 부족함을 이겨낼 수 있을 것이다. (퍼온 글)

사는 게 참 바쁘다. 이 바쁨이 아침부터 저녁까지 우리를 다람쥐 쳇바퀴 돌듯 돌려 매일 똑같은 일상을 반복하게 만든다. 사람이 제대로 산다는 의미와 가치, 인생의 꿈과 목표 등은 어느덧 그렇게 그렇게 살다가 부르시면 가는 인생 안에 매몰된다. 그러나 이런 가운데서도 잠깐이지만, 이 가을에 '시계 거꾸로 돌리기'처럼 나 자신을 돌아보는 시간을 한번 가져보는 것은 어떨까? 내가 뭘 좋아하는 사람이었는지, 나는 어떤 사람이 되고 싶었는지 등을 떠올리면서 말이다.

당신의 소중한 꿈을 이루는 『보물지도』의 작가 모치즈키 도시타카는 행복한 사람들은 다음 세 가지를 실천하며 살고 있다고 말한다.

"첫째는 과거에 감사하고, 둘째는 미래의 꿈을 꾸고, 셋째는 현재를 설레며 산다."

우리 크리스천들에게 과거라는 영역의 분명한 고백은 '하나님은 모든 것을 합력(서로 작용)하여 선을 이루신다는 것'이다(롬 8:28). '과거에 감사'하는 것이다. 그리고 감사의 보따리 안에 담긴 수많은 삶의 내용들이 경험과 경륜이 되어 미래의 나를 그려본다. '미래의 꿈'이다. 그리고 그 꿈이 나의 현실이 되도록 오늘도 끊임없이 기도하며 정직한 수고의 땀들 안으로 걸어가야 한다. '오늘의 셀렘'이다.

'시계 거꾸로 돌리기 추억여행'은 우리의 오늘을 반복되는 일상의 무기력에서 '셀렘'으로 이끌어갈 것이다. 어제나 오늘이나 내일이나 동일하게 역사하시는 주님(히 13:8) 안에서 우리 크리스천들의 '오늘의 셀렘'은 무엇일까? 아니 무엇이 되어야 할까? '선한 영향력'이 되어야 하지 않을까?

우리 크리스천들은 세상에 선한 영향력을 끼쳐 하나님 나라를 점점 넓혀 나가는 일(마 13장)에 꿈을 꾸어야 한다. 그리하여 오늘도 성령의 도우심을 확신하며 살아가는 것, 바로 이 일에 우리가 부르심을 받았다는 그 믿음의 자리를 회복하는 것, 그래서 신앙의 무기력, 제도적 종교라는 틀을 깨고 나와야 한다. 그럼으로써 다시 한번 역동적 신앙의 자리를 회복하여, 부활하신 예수 그리스도의 몸으로서의 교회의 개혁과 변화를 위해 일하면서 살아야 할 것이다. 이렇게 오늘을 사는 것이 우리 크리스천들의 '오늘의 셀렘'이 아닐까? 바로 '신앙의 탄성'일 것이다. 탄성(彈性, elasticity, 문화어: 튐성)이란 힘을 더하면 형태가 바뀌지만, 힘을 빼면 원래대로 돌아오는 성질을 말한다. 영어로 'elasticity', 그리스어로는 '돌아오다'라는 뜻이다. 브레이크 없는 욕망이라는 열차로 한껏 부풀어 오른, 즉 어느덧 하나님 없이도 잘 살 수 있다고 마음먹는 교만이라는 힘이 가해져 기형적 형태로 변한 인생이 되고 말았다.

하나님이 아담(= 사람)을 향하여 두 가지 질문을 하셨다. 첫 번째 질문은 "네가 어디 있느냐?"(창 3:9)라는 것과 '탕자의 비유'(눅 16)를 통해 '창조주 하나님과 피조물인 나와의 올바른 관계의 자리를 회복'하는 것이다. 그리고 두 번째 질문은 "네 아우 아벨이 어디 있느냐?"(창 4:9)라는 것과 선한 사마리아인의 비유(눅 10)를 통해 '나와 세상, 사회, 공동체와의 올바른 관계의 자리를 회복'하는 것이다. 그래서 주를 따르는 제자도(마 16:24)를 통해 세상과 공동체를 향해 선한 영향력의 길을 걸어가는 그 자리를 회복하는 것, 이것이 바로 '신앙의 탄성'인 것이다.

말씀과 기도와 찬송과 예배를 통해 우리의 영성이 살아만 있다면, 하나님은 우리를 이렇게 부르시고 다시 회복시켜서 '오늘의 설렘'으로 이끌어 가신다. 감사의 계절인 이 가을에 시계를 거꾸로 돌려 '신앙의 탄성—신앙의 초심 자리'와 '오늘의 설렘'이 회복되는 은총이 감사의 내용으로 가득 채워지기를 축복한다.

'졸라맨'인가, 신앙인인가

　　어둠은 혼란이다. 그 안에는 충돌과 파멸만이 존재할 뿐이다. 그때 땅은 혼돈하고 공허하다. 하나님은 창조하실 때 어둠의 혼란을 바로잡으려고 가장 먼저 빛을 만드셨다. 빛이 있으라 하시매 빛이 있었고, 그 빛이 하나님 보시기에 좋았다(창세기 1:1-4). 혼돈(Chaos)의 세계가 질서(Cosmos)의 세계로 바뀐 것이다.

　　어둠은 어두울 때만 스스로 존재한다. 그러나 빛이 있으면 어둠의 존재는 사라지고 만다. 어둠은 빛과 더불어 공존할 수 없다. 예수 그리스도는 세상의 빛으로 오셨다(요한복음 1:4-5). 세상의 어둠과 혼란 안에 빛 그 자체로 오셔서 사랑과 정의와 소망의 새로운 나라, 하나님 나라의 질서를 몸소 삶으로 보여주셨다. 그리고 우리도 빛으로 살아가라고 초청하신다.

　　"너희는 세상의 빛이라"(마태복음 5:14). 우리가 먼저 우리의 마음속으로 빛 되신 예수 그리스도를 영접하여 어둠을 몰아내고 그리스도께서 주시는 빛을 스스로 발하는 빛의 제자가 되라는 말씀이다. 그럴 때 이같이 너희 빛을 사람 앞에 비취게 하여 너희 착한 행실을 보고 하늘에 계신 너희 아버지께 영광을 돌리게 하라(마태복음 5:16)고 하신다.

하나님께 영광 돌리려면 어떻게 해야 하나? 바로 우리의 삶이 빛의 제자로 살아가려고 처절하리만큼 몸부림치는 노력, 바로 그 진정한 모습이 하나님께 영광 돌리는 삶이 아닐까? 빛은 빛이기에 제자도 빛의 제자여야 한다. 바라기는 우리의 마음의 혼란을 일으키는 어둠을 빛 되신 예수 그리스도를 영접하여 물리치고, 우리 스스로가 빛의 제자로 살아가는 삶을 통하여 하나님께 영광 돌릴 때, 영광 돌리는 당신의 자녀들을 하나님이 외면하시지 않는다. 더 큰 은혜와 사랑과 축복으로 함께 하신다. 구하지만 말고 너무 기특하고 예뻐서 주실 수밖에 없도록 살아가는 것이 지혜로운 신앙이다.

"너희는 먼저 그의 나라와 의를 구하라 그리하면 이 모든 것을 더하시리라." (마태복음 6:33)

모든 것을 달라고 먼저 졸라대는 '졸라맨'이 되기 이전에 먼저 하나님 마음에 쏙 드는 '신앙인'으로 살아가려고 노력하는 것이 영적인 질서다.

8만 리 밖에서 가르쳐주러 오는데

도산 안창호(1878~1938)는 1878년 평안남도 강서에서 태어나 아홉 살 때부터 서당에 다녔다. 열일곱 살이 되던 해, 그는 공부하러 서울로 왔다. 그러나 열두 살에 아버지를 여의고 농사를 지으며 가난하게 사는 할아버지의 보살핌을 받던 그에게는 돈도, 의지할 곳도 없게 되었다. 그는 매일 선교사 언더우드가 세운 구세 학당 마당 옆에 가서 공부하는 아이들을 부러운 눈으로 바라보곤 했다. 그러자 학당의 아이들은 초라한 행색으로 하루도 빠지지 않고 그들의 공부하는 모습을 물끄러미 바라보고 있는 시골 아이가 안 되어 보였는지 그에게 귀띔해 주었다. 선교사의 허락만 받으면 공부할 수 있다고.

그래서 그는 선교사를 찾아갔고, 선교사가 물었다.

"어디서 왔나?"

평양에서 왔다고 대답하자 선교사가 또 물었다.

"평양에서부터 여기까지가 몇 리가 되는가?"

8백 리라고 대답하자, 선교사가 또다시 물었다.

"뭐 하자고 거기서 공부하지 않고 이 먼 곳까지 왔나?"

"그럼, 제가 하나 묻겠습니다. 미국이 여기서 몇 리입니까?"

"8만 리지."

그러자 안창호는 그 보란 듯이 말했다.

"그럼, 8만 리 밖에서 가르쳐주러 오는데 8백 리 밖에서 배우러 못 올 것이 무엇입니까?"

일제의 탄압이 극에 달할 때 도산은 가택 연금을 당하고 늘 일본 형사로부터 감시를 받고 있었다. 하루는 도산이 마당의 돌을 죄다 캐내서 뾰족한 쪽을 위로 향하게 세워 놓았다. 이 이상한 짓을 보던 형사가 물었다.

"선생, 왜 돌들을 다 세워 놓았나요?"

"우리 민족이 언젠가는 반드시 이 돌들처럼 일어설 것이다."

이렇듯 신념을 지니고 대답했던 도산의 강연을 들은 남강 이승훈이 늦게 민족 교육 운동에 뛰어들어 오산학교를 세우고 3.1운동을 주도했다. 오산학교에서 고당 조만식은 두 차례나 교장을 지내며 민족정신을 젊은이들에게 심었고, 이 학교에서 교장을 지낸 유영모는 기독교적 민족 사상가로 유명하며, 함석헌과 김소월도 이 학교에서 배출된 인재들이다. 한 사람이 바르게 생각하고 바르게 살아가면 수많은 사람이 감화받아 사회를 바꿀 수 있다. 도산 안창호가 그 좋은 예의 하나이다.

"한 사람의 순종치 아니함으로 많은 사람이 죄인 된 것같이 한 사람의 순종하심으로 많은 사람이 의인이 되리라." (로마서 5:19)

제3부
나눌수록 커지는 사랑

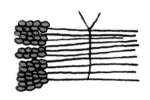

하나님의 은혜와 사랑과 평강과 축복과 구원,
이 모든 것을 나에게 가둬서 나만 즐겨서는 안 된다.
갇힌 물이 썩듯이 나에게 주신 모든 것들을
'나'라는 웅덩이에 가둬 놓는다면,
다 썩어져 사라지게 되고 말 것이다.
나를 통해 이웃에, 세상에 흘러나가야 한다.
흘러가는 물이 깨끗하고 맑고 항상 채워지듯이,
나에게 주신 모든 것들을 흘려보낸다면
곧바로 다시 나에게도 하나님의 은총과 축복이
계속해서 허락될 것이다.

세상이 나를 통해 예수를 보네

앞을 보지 못하는 학생이 휠체어를 밀고, 휠체어에 앉은 학생이 따뜻한 목소리로 방향을 알려준다. 그렇게 도착한 강의실에서 휠체어에 앉은 학생이 열심히 강의를 필기하고, 나중에 앞을 보지 못하는 학생에게 다시 들려주면서 점자로 정리하는 것을 도와준다. 휠체어에 앉은 학생이 도저히 꺼낼 수 없는 높은 책장 위의 책을 앞을 보지 못하는 학생이 찾아 가져다주면, 휠체어에 앉은 학생이 소리 내어 읽으며 함께 공부했다.

이 두 사람은 대구대학교 특수교육과 15학번 '김하은, 설진희' 학생이다. 같은 기숙사 룸메이트인 두 사람은 서로의 눈과 발이 되어주며 지난 4년간 공부했다. 앞이 보이지 않는 김하은 학생이 임용시험을 준비하면서 동영상 강의를 들을 때, 그림이나 도표가 나오면 설진희 학생이 직접 말로 설명해 주었다. 그리고 휠체어를 탄 설진희 학생의 손이 닿지 않는 곳에 있는 책과 물건들을 김하은 학생이 대신 꺼내 주고, 도서관과 강의실을 가는 길의 다리가 되어주었다. 그렇게 공부한 두 사람은 '2019학년도 공립 중등교사 임용시험'에서 각각 서울과 울산 지역 합격자 명단에 이름을 올렸고, 앞으로 몸과 마음이 불편한 장애 학생들을 가르치는 선생님이 될 것이다. (퍼온 글)

이 두 사람의 서로가 서로에 대한 격려와 배려가 참으로 놀랍다. 정상적인 신체를 가진 사람들을 부끄럽게 만든다. 자기만 알고 자기중심적으로만 살아가려는 사람들, 자기보다 못한 사람들을 멸시하고 학대하며 마치 그들이 화풀이 대상인 듯 막 대하는 사람들이 난무한 사회에서, 이런 훌륭한 젊은이들이 있기에 우리는 아직 세상을 향한 소망의 끈을 놓지 않는 것이다.

『주님, 내 아이를 만나주소서』,『제자는 행동한다』,『팬인가, 제자인가』의 저자인 카일 아이들먼(Kyle Idleman)의『나의 끝, 예수의 시작』에 나오는 이야기이다.

가난한 사람에게 다가가 예수님의 사랑을 보여주라는 설교를 듣고 우리 교회의 한 부부가 홀로 아이를 키우는 여성들과 노인들을 섬기기 위해 파티를 계획한다. 직접 정성이 담긴 예쁜 초청장을 만들어 일일이 찾아가 전해주었다. 파티 당일 감사하게도 초청장을 전해준 모든 분이 오셨다. 작은 집 마당에서는 모든 분이 함께 모여 웃고 노래 부르고 떠들면서 즐기고 있었다.

그런데 이 집의 맞은편에는 아주 싼 값에 묵을 수 있는 작은 여관이 하나 있다. 어느 순간 그 여관의 발코니에서 이 광경을 바라보는 사람들과 집주인의 아내와 눈이 마주쳤다. 그 아내는 그들의 시선에서 부러움에 가득 찬 외로움을 느꼈다. 뭔가 도전과 충격이 동시에 교차되었다.

바로 그때 그들을 위해 무엇인가를 하라는 성령의 음성을 느낀 그녀는, 자기 남편과 아이들에게 그 마음을 전하고 다시 움직이기 시작한다. 그들을 위해 얼마 남지 않은 성탄절 파티를 계획한다. 부부는 성탄절 트리, 선물, 음식 등 여러 가지를 준비한다. 그리고 아이들을 위해서도 게임 기구도 설치했다. 여관에 찾아가 일일이 초청장을 각 방에 넣었다.

성탄절 당일, 그 여관에서 많은 분이 이 집으로 건너와 오랜만에 정말 기쁘게 파티를 즐겼다. 그중에는 가정이 어려운 형편에서 학교 다니는 학생들, 타운에서 얻어준 방에서 지내는 홈리스 가족들, 수년째 홀로 방안에서 갇혀 답답하게 지내는 노인들, 갓난아기 하나 둘러업고 가출한 여인, 사업에 실패하여 좌절과 절망에 곧 생을 마감하려 했던 사람 등 다양한 분들이 있었다.

나에게는 이 장면이 이상하리만큼 선명히 그리고 감동으로 자리 잡았다. 말씀 듣고 실천하기 위해 무엇인가를 해 보려고 의도했던 마음과 그들에게 돌아간 상급이 떠올랐기 때문이다. 말씀 따로 생활 따로, 하나님도 좋고 세상도 좋고 등등의 종교혼합주의, 편의주의적 신앙이 만연한 작금에 그래도 말씀 듣고 실천해 보려고 했던 이들 부부가 정말 마음에 와닿았다.

신앙은 생활이다. 신앙과 생활, 이 둘이 완전히 겹치지는 않겠지만,

그래도 그렇게 한번 살아보려고 몸부리치는 '간절함'은, 그리고 그렇게 살지 못하는 나를 바라보는 '안타까움'은 나에게 절대적으로 살아있어야 한다. 깨어 있는 신앙의 경계선이기 때문이다. 그런 의미로 이 부부가 내게는 무척이나 감동적이었다. 그리고 이 부부는 또한 말씀을 실천하는 삶을 위하여 많은 시간과 돈과 에너지를 투자했다. 자기의 것을 드려야만 할 수 있는 일을 했던 것이다.

마음은 원이로되 지갑을 열지 않는 사람들이 아니라, 자기 이름을 알리고 자기가 드러나며 칭송받는 일에는 지갑을 정말 아낌없이 열지만, 오른손이 하는 일을 왼손이 모르게 하는 사랑의 나눔에는 인색한 사람들이 아니라, 이 부부는 그냥 주님의 사랑을 실천하고과 자기의 안위를 내려놓고 많은 사람을 섬기기 위해 자기가 가진 것들을 주의 손안에 놓아드렸다. 그러기에 그들은 자기들이 한 사랑의 나눔과 섬김보다 더 큰 보상을 받았다. 바로 '감사와 기쁨과 행복'이었다. 진정한 삶의 의미요, 가치이다.

이제 사순절이 시작된다. 나를 버리고 내려놓는 기간이다. 올해는 나의 가진 것들로 나의 도움이 필요한 이웃들을 섬기는 사랑의 나눔과 실천으로 격려와 배려가 가득한 '나의 사순절'이 된다면 얼마나 좋을까?

"세상은 나를 통해 예수를 본다."

'나'를 '향'한 봉사와 헌신 '사역'

　피리를 불면서 독사를 현혹하는 뱀 쇼가 사람들에게 재미있어 보일지도 모르지만, 만약 그 뱀을 나 홀로 숲에서 만나게 된다면 그 누구도 재미있지는 않을 것이다. 과거 영국 지배하에 있었던 인도에서는 코브라에게 물려 죽거나 다치는 사람들이 너무 많아, 인명 피해를 막기 위해 코브라를 잡아 오면 보상금을 주는 정책을 펼쳤던 적이 있다. 독사를 잡는 일은 매우 위험하지만, 사람들은 돈을 벌 수 있다는 생각에서 너나 할 것 없이 코브라를 잡아 보상금을 받았다.

　많은 보상금을 세금으로 처리해야 했지만, 정책은 나름대로 성공적이었다. 사람들이 사는 마을에 코브라가 많이 사라져 인명 피해가 줄어든 것이다. 그런데 시간이 갈수록 뭔가 이상했다. 거리의 코브라가 줄어들어 인명 피해는 줄어들었는데, 코브라를 잡아 와서 보상금을 받아 가는 사람들은 오히려 늘어나고 있었다. 아무래도 이상하다고 느낀 관계자들은 보상금을 받는 사람들을 조사하기 시작했다. 그런데 어처구니없게도 그 사람들은 인도 델리 곳곳에 코브라 농장을 만들어 코브라를 사육하고 있었다.

힘들고 위험하게 거리의 코브라를 잡는 것이 아니라, 자신이 기른 코브라로 안전하게 보상금을 받고 있었던 것이다. 그리고 이러한 코브라 농장이 곳곳에서 많이 발견되어 결국 '코브라 보상금 제도'를 폐지하게 되었다. 그러자 사람들은 쓸모없어진 코브라를 야산에 무단으로 버렸고, 결과적으로 더 심각한 피해를 초래하게 되었다.

이와같이 어떤 문제를 해결하기 위한 대책을 내놓았는데, 오히려 문제가 더욱 악화하는 결과를 낳는 현상을 경제 용어로 '코브라 효과'라고 한다. 우리는 한 결과가 일어날 것을 예상하고 어떤 결정을 내리지만, 전혀 생각지도 못한 반대의 결과가 일어날 수 있다는 것을 항상 유념해야 한다. (퍼온 글)

혹시나 '코브라 효과', 그 어처구니없는 결과까지도 유추해 볼 수는 없었을까? 혹시나 만약 그럴 수 있었다면 이런 현상들을 미연에 방지하는 대책까지 마련할 수 있었지 않았을까? 우리는 이렇게 뒷북치는 생각도 하게 된다. 결국 '코브라 잡기 운동'은 대가로 '돈'을 지불하자, '본질'에 '돈'이 결부되니, 본질이 '변질'되고 엉뚱하게도 '코브라 효과'라는 결과를 낳게 되었던 것이다.

오늘의 교회를 들여다본다. 교회도 이질적인 문화와 오랜 시간 동안 현장 안에서 공존하다 보니, 교회 안에도 현실적으로 여과 없이 이런저런 세상적 문화의 세속적 방법들이 많이 행해지고 있는 것이 사실이다. 그러다 보니 어느덧 교회의 본질인 '말씀과 기도 사역'은 점점 희미해지고, 교회의 이런저런 사업들만 두드러지게 된다.

'노래'를 해도 말씀과 기도 위에서 해야지 '하나님을 향한 찬양'이 된다. '일'을 해도 말씀과 기도 위에서 해야지 내 만족이 아닌 '하나님을 향한 봉사'가 된다. '친교'를 해도 말씀과 기도 위에서 해야지 '성도의 교제'가 된다. 남·여선교회에서 모여 골프를 친다. 그러나 '나 자신을 향한 말씀과 기도 사역'은 하지도 않고 관심도 가지지 않은 채, 교회 안에서 골프를 치면 '성도의 교제'가 아니다. 오히려 친구들이나 지인들이나 동호회 멤버들과 함께 운동하면 되지 않겠는가.

우리는 '사역의 방향과 우선순위'에 대해 깊이 생각해야 한다. 많은 사람이 '사역'이라 할 때 흔히 그 방향을 '외부' 즉 교회와 하나님 나라를 위한 봉사와 헌신이라고 생각한다. 그러나 그렇지 않다. 사역의 방향은 먼저 '나를 향한 사역'이어야 하고, 나를 향한 사역에 대한 봉사와 헌신이 '우선순위'가 되어야 한다. 내가 말씀을 보고 듣고 읽고 쓰는 '나를 향한 말씀 봉사 사역', 먼저 내가, 내 기도 자리가 곰팡이가 나지 않도록 만드는 '나의 기도 헌신 사역'이 '내 사역의 우순선위'가 되어야 한다. '내 사역의 방향성'은 '나'이고, 내 사역의 헌신 우선순위는 '말씀과 기도 사역'이다. 내가 나를 향한 '말씀과 기도'에 봉사하고 헌신해야 한다.

교회에서의 공동체 사역 가운데 우선순위는 '교회의 말씀과 기도 사역'이 되어야 한다. 성도들 개개인은 그 위에 삶이 세워져야 하고, 교회 공동체도 그 위에 사업들이 계획되어야 한다. 사단과 마귀가

삼킬 자를 찾기 위해 두루 헤집고 다니는 이 세상(벧전 5:8)에서, 이런저런 방법으로 우리를 시험하고 교회를 유혹해서 '나와 교회의 본질'을 점점 무력화시키고 변질시키려고 한다.

그래서 '나와 교회의 코브라 효과'를 노린다. 이를 물리칠 수 있는 유일한 방법은 '말씀과 기도의 영'(마 4:10, 막 9:29, 딤전 4:5) 뿐이다. 사단의 영은 육(각종 사업)으로 이길 수 없다. 마귀의 영은 영(말씀과 기도)으로만 이길 수 있다. 날마다 때마다 평상시에 나와 교회의 본질인 '말씀과 기도의 영'을 충실히 지켜야 '사단과 마귀들의 코브라 효과'를 미연에 방지하고 물리칠 수 있다.

"세상을 이긴 이김은 이것이니 우리의 믿음이라." (요한일서 5:4)

이 믿음은 본질로의 회귀, '나와 교회 공동체의 말씀과 기도 사역'이다. 이 가을이 '나'를 '향'한 '말씀 봉사'와 '기도 헌신' 사역을 통하여 내 영이 살찌워지는 계절이 되기를 희망해 본다.

1173번째 기적—나눔과 생명

　1951년, 호주의 한 병원에서 14살 소년이 폐 일부를 제거하는 큰 수술을 받았다. 무려 13리터의 혈액을 수혈받아야 했던 대수술 끝에 살아남은 소년은 사람들의 헌혈로 생명을 구했으니, 자신도 몸이 건강해지면 나중에 꼭 헌혈해서 다른 사람들을 돕겠다는 다짐을 하게 되었다.

　호주에서는 최소 18세가 되어야 헌혈이 가능하다. 수술을 받은 지 4년이 지나 18세가 된 소년은 헌혈을 시작했다. 그런데 자신의 피에 '레서스 용혈성'이라는 희소병의 항체가 비정상적으로 많이 있음을 알게 되었다. '레서스 용혈성'은 RH-의 혈액형을 가진 여성이 RH+의 혈액형을 가진 아기를 임신하면, 산모의 몸이 혈액형이 다른 태아를 외부 물질로 인식해 공격하는 질환이라는 것이다. 그리고 이것은 태아에게 치명적인 뇌 손상을 입히거나 유산되게 한다. 그리하여 이러한 상태에 처해 있던 아기들이 속수무책으로 죽어가던 상황에서 아기들의 생명을 구하기 위해서는 바로 이 소년의 피가 필요했다.

이 소년은 주저하지 않고 2주마다 '혈장 헌혈'을 해왔다. 그렇게 60년이 넘도록 해 온 것이다. 호주의 제임스 크리스토퍼 해리슨(James Christopher Harrison)은 이렇게 18세부터 81세가 될 때까지 무려 1,172회의 헌혈을 했던 것이다. 해리슨의 항체로 '안티-D' 백신을 만들었다. 이 백신을 만들기 위해서는 꾸준히 항체가 필요했는데, 직접 항체를 제조하는 실험이 실패했기 때문에 해리슨은 헌혈을 멈추지 않았던 것이다.

2011년 그는 1,000회 헌혈로 월드 기네스북에 올랐다. 해리슨의 헌혈로 새 생명을 얻은 아이는 240만 명에 달한다고 한다. 황금 팔을 가진 사나이! 사람들이 해리슨에게 붙여준 별명이었다. 그러나 1,173번째 혈장 헌혈이 해리슨에게는 마지막 헌혈이 되었는데, 그 이유는 81세가 되면 호주 정부 기준에 따라 더 이상 헌혈을 할 수 없게 되기 때문이었다.

해리슨의 피가 왜 특별해졌는지 알 수 없지만, 의사들은 14세 때 많은 양의 수혈을 받은 것이 원인이라고 추측할 뿐이다. 수많은 사람이 나눈 피가 나의 생명을 살렸고, 그로 인해 수백만 명의 아기가 건강하게 태어날 수 있었다. 단 한 사람이 세상에 뿌린, 아름다운 마음이 수백만 명의 아이들의 목숨을 살렸다. 그리고 이후 해리슨과 같은 항체를 가진 사람이 속속 발견되고 있다. 그 사람들 역시 해리슨의 헌신에 감명받아, 어린 생명을 살리기 위해서 헌혈을 하고 있다고 한다. (퍼온 글)

참 가슴이 뭉클한 이야기이다. 한 소년을 살리기 위해 막대한 양을 수혈한 사람들, 그리고 그로 인해 살아난 소년이 할아버지가 될 때까지 헌혈을 하였다. 자기의 피가 어린 생명들을 살릴 수 있다기에, 더하고 싶어도 법적 제약 때문에 할 수 없는 그 시점까지 무려 1,173회의 헌혈을 한 것이다. 말이 1,173회 헌혈이지, 1년에 18회, 평균 2달에 3번씩 66년간 쉬지 않고 헌혈해 왔던 것이다.

해리슨이 이렇게 할 수 있었던 것은 바로 '감사'에서 비롯된 것이었다. 13리터의 피로 자기를 살려준 사람들에 대한 감사를 그렇게 평생 헌혈을 하면서 나누었다. 그 결과 수많은 어린 생명들을 살려낼 수 있었던 것이다.

우리는 이제 11월 감사의 달을 맞이한다. 복음의 대명제가 있다. "구원받았으니 구원시키라, 은혜받았으니 은혜를 나누어라, 축복받았으니 복의 통로가 되거라."라는 것이다. 하나님의 은혜와 사랑과 평강과 축복과 구원, 이 모든 것을 나에게 가둬서 나만 즐겨서는 안 된다. 갇힌 물이 썩듯이 나에게 주신 모든 것들을 '나'라는 웅덩이에 가둬 놓는다면, 다 썩어져 사라지게 되고 말 것이다. 나를 통해 이웃에, 세상에 흘러나가야 한다. 흘러가는 물이 깨끗하고 맑고 항상 채워지듯이, 나에게 주신 모든 것들을 흘려보낸다면, 곧바로 다시 나에게도 하나님의 은총과 축복이 계속해서 허락될 것이다.

복음의 대명제는 '가둠'이 아니라, '통로'요, '나눔'이다. 그때 '통로와 나눔'을 통하여 생명이 살아나는 역사가 일어날 것이다. 바로 황금팔을 가진 제임스 크리스토퍼 해리슨처럼 말이다. 그리고 그의 특별한 항체를 지닌 피로 죽어가던 300만 명의 어린이들이 살아난 것처럼, 예수 그리스도의 특별한 피로 그 피를 믿는 인류가 새생명을 얻고 구원받았다는 사실이다. 우리는 오늘날 어느덧 십자가 어린양 예수의 대속의 피, 나를 살리려고 대신 흘리신 그 피를 너무나 무감각하게 잊고 살아간다. 예수의 피에 대해 감동도 희미해져 간다. 예수의 피가 내 심장에, 교회에 메마르지 않고 흘러야 한다. 예수의 피가 나를 살리고, 예수의 피로 자녀들과 가정이 살고, 예수의 피가 교회와 세상을 살리니 가장 먼저 우리의 감사는 "예수", "예수 십자가의 피"여야 한다.

우리도 올가을엔 예수의 피에 너무 감사하며 빚진 자 되어, 내 피(재능, 물질, 시간 등등)를 세상에 나눠 이웃과 세상을 살리는 기적을 일궈내야 하지 않을까? 크리스토퍼 해리슨처럼 말이다. 기적은 우리가 생각하는 것보다 더 가까이, 즉 우리의 일상에 있고, 나를 통하여 일어나는 것이다. 오늘, 내가 예수 사랑에 빚진 자가 되어 기적을 만들어가는 '감사의 가을'을 살아가는 복을 누리기 바란다.

"세상은 나를 통해 예수를 본다."

하나님의 사랑을 나누는 삶이 예물

네덜란드 마르크 뤼터 총리, DJ 아민 반 뷰렌, EDM 계 슈퍼스타 하드 웰, 네덜란드 윈드서핑 금메달리스트 도리안 반 리셀버지. 네덜란드 유명인들이 손톱에 매니큐어를 바르고 SNS에 그 모습을 올렸다. 여성들뿐만 아니라 남자들까지 동참하며 색색 매니큐어를 칠하는 이들의 표정은 너무나 밝고 행복해 보였다. 형형색색 칠해진 그들의 손톱은 이 세상에 사랑과 기쁨을 전하는 메시지이기 때문이었다.

네덜란드의 6세 소년 테인 콜스테렌은 뇌종양 판정을 받고 채일 년도 남지 않은 시한부 생을 선고받았다. 보통 시한부 선고를 받은 사람은 마음이 다부진 어른이라도 슬퍼하고, 두려워하고, 괴로워하게 된다. 하지만 이 소년은 달랐다. 테인은 자신의 병과 아픔을 생각했고, 한 라디오 프로그램에서 자신처럼 병으로 아파하는 또 다른 아이들을 돕고 싶다는 소망을 전했다. 그리고 사람들에게 매니큐어를 발라주는 대가로 1회당 1유로(1,300원)를 기부받는 캠페인을 시작했다. 이 캠페인은 네덜란드 전역을 휩쓸었다. 수많은 사람이 남녀노소 가리지 않고 동참하여 손에 매니큐어를 바르고 캠페인에 동참했다. 그렇게 모인 모금액은 250만 유로(약 32억원)가 되었다. 이 금액은 전액 뇌졸중과 폐렴 아동 치료비로 기부되었다. 하지만 안타깝게도 테인은 2017년 7월 7일, 7살 생일을 일주일 앞두고 하늘나라로 떠났다. (퍼온 글)

아직 어린 6세의 어린 소년이 뇌종양을 앓는 중에도 자신과 같은 병으로 아픈 아이들을 생각한다는 것, 캠페인을 벌여 희망을 나누었다는 것, 그리고 죽어가는 어린 소년의 사랑과 희망의 캠페인에 함께한 네덜란드의 모든 사람에게 마음속으로부터 깊은 감동과 울림을 느끼게 된다.

톨스토이는 그의 단편 "사람은 무엇으로 사는가?"에서, "사람의 마음속에는 무엇이 있는가?, 사람은 무엇을 모르는가?, 사람은 무엇으로 사는가?"라는 세 가지 질문을 던지면서 말한다.

"사람의 마음에는 '하나님의 사랑'이 있고, 사람은 자신의 '내일'을 모르며, 사람은 '사랑'으로 산다."

테인 콜스테렌에게는 하나님의 사랑이 있고, 하나님이 허락하신 7년의 짧은 생명을 그 사랑으로 살다가 하나님 나라로 이사 간 것이다. 이 7살 난 작은 소년의 사랑은 네덜란드의 온 국민에게 '사람 안에는 무엇이 있고, 사람은 무엇을 모르고 살며, 사람은 무엇으로 사는지'를 다시 한번 일깨워주었다. 그리고 그 일깨움은 이들을 '매니큐어 캠페인'에 동참하게 했다.

오늘 우리는 이 7년의 짧은 삶을 살다 간 소년이 우리에게 던져준 질문 앞에, 너무나 분주히 바쁘게 돌아가는 일상에서 이제 잠시 멈춰서서(STOP) 묵상하면서(Contemplatio) 잊고 잃어버리고 살았던 소중한 것들을 되돌아보게 된다. 하나님의 사랑과 그분과의 만남, 그리고 그 사랑에 대한 감사와 나눔에 대해 마음의 깊은 성찰(Reflection)로 일깨움 앞에 서게 된다. 이 작은 소년이 세상에 남긴, 아름다운 사랑의 나눔을 기억하면서.

교회력으로 11월에는 추사감사절이 있고, 12월에는 대강절을 지나 성탄절을 맞게 된다. 일 년의 마무리 기간이다. '지금까지 지내 온 것 주의 크신 은혜라!', '앞으로도 주께서 은혜 가운데 우리를 인도하사 모든 일상과 그리고 사건들과 사고들까지도 서로 작용시키셔서 가장 멋지고 가치 있고 아름다운 복된 인생으로 우리를 이끌어가실 줄 믿고' 하는 '에벤에셀의 감사와 여호와 이레의 선 감사'를, 이웃들도 함께 감사할 수 있도록 사랑을 나누는 추수감사절이 되어야 할 것이다.

추수감사절의 핵심 메시지는 '사랑과 나눔'이다. 하나님께서 우리를 조건 없이 사랑하셔서 당신의 독생자를 보내시고 십자가와 부활의 사건을 통하여 우리와 세상을 구원하신 역사가 성탄절이다. 하나님은 우리에게 이 사랑에 빚진 자가 되어 그 사랑을 이웃들에게 나누며 살라고 하신다. 성탄절의 핵심 메시지도 역시 '사랑과 나눔'이다.

이렇게 매해 추수감사절과 성탄절을 통하여 하나님은 우리에게 '하나님의 사랑을 이웃들에게 나누는 일'로 한 해를 마무리하라고 하신다. 세상은 우리를 통하여, 교회를 통하여 하나님의 사랑과 구원의 주를 바라본다. 이 나눔을 통한 사랑과 구원의 역사에 집중적으로 관심하면서 동참하는 '작은 그리스도의 삶'을 사는 것! 그 삶이 추수감사절의 예물이요, 성탄절의 예물이 되어야 하지 않을까?

나는 늘 기회가 있을 때마다 지인들과 성도들에게 말하곤 한다.

"그렇게 나누며 살아도 나 사는 데 큰 지장 없습니다."

탈무드의 이야기로 마무리하고자 한다.

"한 개의 촛불로서 많은 촛불에 불을 붙여도 처음의 촛불의 빛은 약해지지 않는다."

'사랑의 나눔의 결국'은 '채워짐'이다. 더 채워줘도 나누기 때문이다. 채워짐의 은혜와 평강의 축복이 함께 하소서!

서로를 채워가는 여유

아프리카에는 결혼을 앞둔 여성들에게 이색적인 행사를 하는 부족이 있다. 먼저 참가 여성들이 각각 옥수수밭에 들어가 한 고랑씩을 맡아 그 고랑에서 제일 크고 좋은 옥수수를 따는 것이다. 그리고 그중에서 가장 크고 좋은 옥수수를 딴 여성이 승리자가 되는 것이다. 그런데 이 행사에는 특이한 규칙이 하나 있다. 밭을 돌다가 한 번 지나친 옥수수나무는 다시 돌아가서 볼 수도 없고, 심지어는 그 나무에 달린 옥수수를 딸 수도 없는 것이다. 오직 앞만 보고 가다가 마음에 드는 옥수수 하나만을 따야 한다. 그리고 한 번 땄으면, 도중에 더 좋아 보이는 것이 있다고 해도 다시는 딸 수 없다. 그래서 이 행사에 참여하는 여성들은 극히 신중할 수밖에 없다.

어느 날 세 명의 여성이 자신감 있는 표정으로 이 행사에 참여했다. 그리고 행사가 시작되자 신중히 옥수수를 고르기 시작했다. 그런데 나중에 옥수수밭에서 나온 여성들은 처음에 있던 자신감은 온데간데

없이 사라져버린 상태로 풀이 잔뜩 죽은 모습들이었다. 그녀들의 손에는 작고 형편없는 옥수수가 한 개씩 들려 있었는데, 그 이유는 골라도, 너무 골랐기 때문이다. (퍼온 글)

이 글을 읽은 나는 한참 동안 웃음을 참을 수 없었다. 바로 나 자신의 이야기이기 때문이다. 그녀들이 살아갈 인생, 그리고 우리의 인생이기도 한 것이다. 우리에게 이런 경험들이 어디 한두 번이겠는가? 퍽 공감이 가는 이야기이다. 사랑도, 인생도, 직장도, 지도자도, 자동차도, 집도 당시에는 가장 좋다고 여겨져 선택했지만, 시간이 지나가면서 이리저리 비교하게 되고, 다른 게 더 좋아 보이게 마련이다. 남의 손에 든 떡이 더 크게 보이는 것이 사람들의 보편적인 마음이다. 그래서 내가 왜 이런 선택을 했을까 하는 후회로 스스로 괴로워하기도 한다.

그러나 우리 모두 다 완벽한 인생은 없다. 세상에 완벽한 반쪽도 완벽한 타인도 없고, 완벽한 직장도 완벽한 물건들도 없다. 지금은 그때그때의 최선들이 모인 시간이라는 사실을 인정해야 한다. 그러므로 뒤늦은 후회나 한탄이나 자조보다는 오히려 있는 그대로의 현실을 인정하고, 나머지 부족한 부분들이 있다면 그것이 무엇이든지 간에 시간을 갖고 채워가는 것이 지혜이다.

생텍쥐페리는 "완벽함이란 더 이상 보탤 것이 남아 있지 않을 때가 아니라, 더 이상 뺄 것이 없을 때 완성된다."라고 말한다. 가슴에 와닿는 말이다. 그렇다. 우리는 스스로 보탤 것이 없는 상태를 완벽이라고 말한다. 그러나 완벽이란 서로가 서로를 채워가는 여유 안에서 상호 완성을 향해 나가는 과정이다.

상담이론 중에 '수용전념치료'라는 용어가 있다. '수용전념치료'는 말 그대로 수용(acceptance)과 전념(commitment)을 강조한다. 상담에서는 사람들에게 인생의 어떤 문제가 있을 때 개인치료(Personal Therapy), 그룹치료(Group Therapy) 등의 심리치료, 상담치료를 통하여 문제가 되는 것들을 반드시 해결해야 했다.

그러나 수용전념치료에서는 나를 힘들게 한 문제를 그 자체로 그냥 인정하고 그대로 받아들이라는 것이다. 바로 '수용'이다. 그리고 나의 인생에 내가 조금 더 가치 있고, 즐겁고, 기쁘고, 행복한 일을 찾아서 하라는 것이다. 바로 '전념'이다. 그러다 보면 나를 힘들게 했던 지난날의 인생의 문제들은, 현재의 내가 집중하는 그 즐겁고 기쁘고 행복한 일을 통하여 어느덧 대수롭지 않게 사라지게 된다는 것이다. 이것이 '수용—전념 치료'이다.

우리에게 지나간 시간은 어떤 의미인가? 그 시간들이 어떤 의미를 지니든지 간에 오늘의 나를 있게 한 시간들, 사건들이었다. 그러니 지나간 인생들의 좋지 않은 일들과 단점들을 단죄하고, 아쉬워하고, 한탄하고, 괴로워하기보다는 그건 그대로 당시의 나로서 최선을 다했음을 스스로 인정하고 수용해야 한다. 그리고 더 이상 후회하지 말고 오늘은 하나님 안에서, 교회를 위해, 세상을 위해 내가 할 수 있는 가장 신명 나고, 행복하고, 기쁘고, 감사한 일들을 찾아서 그 일에 전념해야 한다. 그럴 때 지나간, 다시 돌아갈 수 없는 인생의 모진 시간들과 아픈 사건들에서 자유하게 되고, 그 자유함이 우리를 치료하고 회복시킬 것이다. 수용과 전념의 신앙인 것이다.

코로나 팬데믹의 장기화에 따라 우리 모두 참 힘든 시간들을 보내고 있다. 어느 정도는 이제 적응도 되어 각자가 살아가는 하루하루 삶의 현장 속에서 새로운 삶의 패턴도 생겨났다. 그러나 여전히 경제적인 생업의 창고도, 사회적인 여타 활동들도 계속되는 많은 제한 속에 어려운 것도 현실이다. 이런 현실이 우리 인생의 타깃이 되어 절망하고 한탄만 해서는 안 된다. 코로나의 현실과 코로나 백신이 속히 개발될 줄로 믿고(수용) 우리가 이 가운데서도 가장 행복하고 기쁜 일들로 우리의 삶을 채워나가야 한다(전념).

이 가을에 서로가 서로를 채워가는 여유를 품기를 바란다.

"형제들아 나는 아직 내가 잡은 줄로 여기지 아니하고 오직 한 일 즉 뒤에 있는 것은 잊어버리고 앞에 있는 것을 잡으려고 푯대를 향하여 그리스도 예수 안에서 하나님이 위에서 부르신 부름의 상을 위하여 달려가노라." (빌립보서 3:13-14)

생명 주심과 나눔

오래전, 알 카포네(Al Capone)가 사실상 시카고를 지배하고 있었을 때이다. 그에게는 알 카포네를 감옥에 보내지 않도록 변호하는 에드워드 조셉 오헤어(Edward Joseph O'Hare)라는 아일랜드 출신의 기막힌 변호사가 있었는데, 그는 이지 에디(Easy Eddie)라는 별명으로 불렸다. 이 변호사의 저택은 시카고의 거리 한 블록을 몽땅 차지할 정도로 컸다. 에디는 주변에서 자행되는 범죄행위에는 전혀 신경 쓰지 않으면서 시카고 마피아 최고의 생활을 누렸다.

그러나 이런 에디에게도 한 가지 무른 점, 끔찍하게 사랑하는 아들이 하나 있었다. 모든 아버지의 바람처럼 에디도 아들이 자기와는 다른, 좀 더 나은 인물이 되기를 원했다. 에디가 사랑하는 아들에게 가장 물려주고 싶었던, 그러나 당시 그에게는 불가능했던 두 가지는 '깨끗하게 빛나는 가문의 이름'과 '아버지로서 좋은 모범이 되는 것'이었다.

고민하던 중 어느 날, 그는 그 대가가 얼마나 클지도 알았지만,

당국에 알 카포네의 죄를 모조리 고발했다. 그 결과 당국은 오랜 기간 잡지 못했던 알 카포네와 범죄조직원들 다수를 구속할 수 있게 되었다. 이 일로 인해 시카고는 드디어 안전해지게 되었지만, 그해가 끝나기 전에 에디는 시 외곽의 한 외딴 거리에서 총알 세례를 받고 생을 마감했다.

다음 이야기는 제2차 세계대전의 영웅 중 하나인 부치 오헤어(Butch O'Hare)에 대한 것이다. 그는 전투기 조종사로서 남태평양의 렉싱턴이라는 항공모함에 배치되었다. 어느 날 이륙한 후, 그는 연료 계기판을 보고 연료 탱크가 꽉 채워져 있지 않다는 것을 발견하게 되었다. 편대장은 그에게 항공모함으로 돌아가라고 지시했다. 그는 내키지는 않았지만, 편대에서 이탈해 한참 돌아가던 중, 뭔가를 발견하고 피가 얼어붙는 듯한 느낌을 받았다.

일본의 비행 중대가 저고도로 미국 함대를 향해 날아가고 있었던 것이다. 아군 전투기들은 모조리 출격했으니 함대는 거의 무방비나 다름없던 상태였다. 소속 편대로 돌아가 함대를 구하도록 하기에는 너무 멀리 날아와 있었다. 심지어 함대에 위험이 닥치고 있다는 경고도 할 수 없을 정도로 긴급한 상황이었다. 이에 그는 일본군을 향해 곧바로 하강했다. 적의 진형 사이를 누비며 탄알이 다 떨어질 때까지 될 수 있는 한 많은 적기를 격추시켰다. 탄약이 떨어진 뒤엔 비행기 기체를 그대로 돌진시키며 필사적으로 일본 비행 중대가 미군 함대에 이르지 못하도록 모든 방법을 다 동원해서 막아냈다.

마침내 상황이 좋지 않다고 판단한 일본군은 기수를 돌렸다. 부치 오헤어는 안도의 한숨을 내쉬며 누더기가 된 그의 전투기와 함께 항공모함으로 겨우 돌아올 수 있었다. 그가 탄 비행기에 탑재된 카메라의 필름이 사건의 전모를 구체적으로 밝혀주었다. 그는 이 일로 인해 전쟁 영웅으로 인정되어 국가가 주는 최고 무공훈장이자 가보로서 대대로 물려주는 영광인 의회 명예훈장(Congressional medal of honor)을 받았다.

부치는 훈장 수여 일 년 뒤에 벌어진 한 공중전에서 분투 끝에 장렬히 산화하였다. 그의 고향인 시카고 사람들은 제2차 세계대전의 가장 위대했던 영웅 중 한 명이 그대로 사라지는 것을 용납하지 못했다. 그래서 일리노이주는 중서부에서 가장 큰 국제공항 곧 시카고 '오헤어 공항'을 그의 이름을 따서 명명하게 된 것이다. 그리고 공항 터미널 1과 2 사이에는 부치 오헤어의 동상이 서 있다. (퍼온 글)

지금쯤 이 두 얘기가 서로 무슨 상관이 있는지 이미 감을 잡았을 것이다. 그렇다. 부치 오헤어는 이지 에디의 아들이다. 이지 에디가 사랑하는 아들인 부치 오헤어 역시 인류에게 생명을 내어놓았다. 생명을 받은 아들도 자기 생명을 인류를 위해 내어놓았다. 하나님께서 그 깨끗한 이름의 유산을 남기고 싶어 했던 '이지 에디'의 결단과 소원대로 오헤어 공항 이름이 그 가문의 이름을 따도록 하셨다.

예수가 태어나신 곳은 말구유였다. '예수는 밥'이셨다. 밥은 '생명'이다. 우리 모두에게 '생명의 밥(떡)'을 나눠주셔서, 우리를 모든 세상으로부터 자유하게 하시는 진리의 생명을 얻게 해 주셨다. 사순절과 부활절의 예표이기도 하셨다. 예수의 죽음과 나의 죽음, 예수의 부활과 나의 부활인 것이다. 오늘 에디와 아들인 부치를 통해 이를 또한 만나게 된다. 아버지 '에디의 죽음'이라는 '정의와 진리의 밥'이 아들인 부치와 시카고를 살게 했고, 또다시 '부치의 죽음'이 항공모함의 전우들뿐만 아니라, 제2차 세계대전 당시 많은 이들의 생명을 살렸다.

우리는 얼마 전 사순절을 통해 주님께서 우리를 위해 생명 나누신 십자가와 이어 예수 부활을 묵상했다. 우리 크리스천들은 예수 진리를 먹고 생명 얻은 자들인데, 이제 우리의 죽음(내어줌, 나눔, 헌신 등)을 통하여 주변에 생명 얻는 이들이 많아져야 하지 않을까? 오늘, 여기에서 나를 통하여 말이다.

가장 먼저 5월 가정의 달을 맞아 내가 죽어 가정을 살리는 역사가, 내가 죽어 교회를 살리는 역사가, 내가 죽어 지역사회와 세상을 살리는 역사가 나타나기를 소원하며 기도한다. 그때 나도, 너도, 우리도 다시 살아나게 되리라.

"우리는 그의 만드신 바라 그리스도 예수 안에서 선한 일을 위하여 지으심을 받은 자니 이 일은 하나님이 전에 예비하사 우리로 그 가운데서 행하게 하려 하심이니라." (에베소서 2:10)

세상은 '이런 교회'를 보고 싶어라

'노블레스 오블리주'(Noblesse oblige)란 프랑스어로 '귀족성은 의무를 갖는다'라는 뜻이다. 부와 권력과 명성은 사회에 대한 책임과 함께 가야 한다는 의미로, 사회 지도층에게 사회에 대한 책임이나 국민의 의무를 모범적으로 실천하는 높은 도덕성을 요구하는 단어이다. 반대로 사회 지도층들이 이를 실천하지 않았을 때 비판하는 부정적인 의미로 사용하기도 한다. 유래는 이렇다.

백년전쟁(1337~1453) 당시 영국군에게 점령당할 위기에 처한 프랑스의 도시 '칼레'는 거센 공격을 막아내고자 치열하게 싸웠지만, 결국 항복하고 만다. 그리고 곧이어 영국 왕 에드워드 3세 앞에 자비를 구하는 칼레 시의 항복 사절단이 도착한다. 에드워드 3세는 항복을 수용하는 한 가지 조건을 말한다.

"좋다. 모든 칼레 시민들의 생명을 보장한다. 그러나 누군가가 그동안의 반항에 대한 책임을 져야만 한다. 칼레 시민 전체를 대신해 처형당할 대표자 여섯 명을 선정하라."

이 소식을 전해 들은 칼레의 시민들 중에 어느 한 사람도 선뜻 나서지 못하고 있던 그 순간, 한 사람이 일어섰다. 칼레 시의 가장 부유했던 '유스타슈 생 피에르'였다. 그의 희생정신에 감격한 고위 관료와 부유층 인사들이 함께했는데, 모두 일곱 명이었다. 피에르는 이튿날 가장 나중에 오는 한 명이 남고 나머지 여섯 명이 영국군 진영으로 가자고 제안한다.

그런데 날이 밝은 이튿날, 오직 피에르만이 나타나지 않았다. 의아하게 여긴 여섯 명이 피에르의 집을 찾아갔지만, 그는 이미 스스로 목숨을 끊은 후였다. 일곱 명 모두 살기를 바라는 마음이 꿈틀거릴 그 한 명이 될 수 있다는 것을 우려한, 그리고 누가 살 것인가를 놓고 설전을 벌일 수밖에 없는 상황이 되리라고 생각한 피에르가 스스로 먼저 그 한 명이 되어 목숨을 끊은 것이다. 이에 남은 여섯 명은 담담하게 영국 왕 앞으로 나갔고 교수대로 향했다.

그 순간 영국의 왕비 '필라파 드 에노'가 처형을 만류하고 나섰다. 당시 임신 중이었던 왕비는 왕에게, 그들에게 관용을 베풀어 주어 자신의 뱃속 아기를 축복해 달라고 간청하였고, 결국 그들은 모두 풀려나게 되었던 것이다. 그로부터 500여 년 후 칼레 시는 용감했던 시민 일곱 명의 모습을 오귀스트 로댕에게 의뢰해 청동상을 완성하게 되었다. 여기서 이 일곱 명처럼 사회 고위층이 져야 할 도덕적 의무를 뜻하는 '노블레스 오블리주'라는 말이 유래되었다고 한다. (퍼온 글)

세상은 성도들과 교회에게도 이런 '노블레스 오블리주'를 기대한다. 세상은 '세상의 빛인 교회와 성도'를 보고 싶어 한다. 세상은 '우리와 교회를 통해' 예수를 본다. 예수는 너희는 "교회의 빛이 되라."라고 말씀하신 적이 없다. 예수는 항상 "세상의 빛이 되거라."(마 5:14)라고 말씀하신다. 그러나 오늘날 교회는 어느덧 '교회의 빛인 어항교회'가 되어버렸다. 교회에 나오면 성도들을 그 안에 가둬두고 싶어 하고, 세상으로 파송하기를 싫어하고, 말과는 달리 크리스천의 삶에 대해 그다지 관심을 두지 않는다. 그러기에 신앙 따로 삶 따로인 '따로 교인'들이 상당수가 된다.

성도들은 오직 교회에서 참 좋은 크리스천들이 되기를 바란다. 남선교회에서, 여선교회에서, 성가대에서, 찬양팀에서, 봉사부에서 정말 교회를 잘 섬기는 일에 관심을 갖고 헌신하도록 훈련시킨다. 이것이 나쁘다는 말이 절대 아니다. 다만 이것이 전부가 아니라는 말을 하고 싶은 것이다. 가령 예배를 돕는 아름다운 음성의 솔리스트가 주일은 물론이고, 주간에도 거의 매일 새벽, 오전, 오후, 저녁에 모든 교회 집회와 심방과 봉사에 참여한다면, 보편적으로 참 훌륭한 성도라고 칭찬한다. 그러나 과연 집에서 사랑스러운 아내, 좋은 엄마를 기다리는 남편과 아이들에게도 정말 그럴까? 오히려 교회를 섬기는 일과 크리스천으로서 집에서 좋은 아내, 좋은 엄마, 좋은 며느리, 좋은 딸의 역할을 잘 할 수 있도록 균형과 조화가 필요하지 않을까?

오늘의 교회는 세상에 나가서도 크리스천 아빠 엄마, 크리스천 직장인과 상사, 크리스천 공동체 구성원의 역할을 잘 감당할 수 있도록 성도들을 훈련하는 '교회의 본질적 구조'를 회복해야 한다. 교회의 구조는 '모이고 흩어지는 것'(together and disperse, ecclesia et diaspola)이다. '모여서'(together, ecclesia) 선포되는 말씀을 듣고 (kerigma), 배운 말씀을 더 공부하고(didache), 세상에 나가서 왕따를 당해도 흔들리지 않도록 외롭지 않게 함께 모여야 한다. 그리하여 서로가 힘이 되는 성도의 교제를 나누는 친교(koinonia)는 물론, 이제는 '흩어져서'(disperse, diaspola) 가정에서, 직장에서, 마을에서, 공동체에서, 사회에서 '모여서 듣고 배우고 교제'한 힘으로 삶에서 말씀의 적용을 찾아 나아가야 한다. 이로써 세상을 치유하는 크리스천의 삶을 사는 것(diakonia), '세상의 빛이 되며 사는' 존재가 되어야 한다. 그래서 세상이 우리의 삶을 통해 예수를 볼 수 있어야 한다.

이렇게 우리는 '걸어다니는 교회'가 되어야 한다. 이렇게 우리는 세상 안에서 '작은 예수'(small christ)를 살아야 한다. 그래서 세상은 우리를 통해 예수를 본다. 말로, 전도지로, 동영상으로, 미디어로, SNS로 예수를 전하는 시대를 지나, 이제는 '삶으로 예수를, 복음을' 전해야 한다. 이젠 정말 '교회가 세상의 희망'이 되어야 한다. 교회가 이젠 '교회의 빛인 어항교회'에서 멈추고 돌이켜 '세상의 빛인 교회'가 되어야 한다. 가정에서, 주변에서 자비와 긍휼이 필요한 사람들, 억압받고 힘들고 아파하는 사회적 약자들에게 성도와 교회가, '세상의 빛'으로 찾아가 어둠을 물리치고 '예수 희망'을 전해야 한다. 찾아가 위로하고 평강을 전하며 선한 사마리아인으로 사는 크리스천으로서의 삶을 통해 '예수는, 복음은' 전해진다. 성도들이 그렇게 살 수 있도록 하기 위해서는 성도들을 교회 안에 가두기만 해서는 안 된다. 이렇게 성도들이 세상의 빛이 될 수 있도록 교회에서 훈련시켜 세상으로 파송해야 한다.

성도들의 모임이 교회이므로 마땅히 교회도 이런 모습이어야 한다. 이런 모습의 교회가 될 수 있도록 끊임없이 발버둥 쳐야 한다. 교회와 성도들의 '노블레스 오블리주'이다. '이런 교회'를 세상은 보고 싶어 한다. '이런 성도'를 세상은 보고 싶어 한다. 교회는 '모이기 위해 모이는 곳'이 아니라, 교회는 '흩어지기 위해 모이는 곳'이다. 세상은 이런 교회, 이런 성도들을 보고 싶어라!

선한 영향력

우리 주변에서 조금만 관심을 기울이면 볼 수 있는 '고마리'라는 작은 식물이 있다. 고마리는 여름이 끝나갈 무렵 8월 말에서 9월 중순에 흰색과 분홍색의 예쁘고 작은 꽃이 피어난다. 이 꽃은 손톱보다도 작고 줄기가 두어 가지밖에 안 되지만, 밑에 뿌리는 자기 몸집의 서너 배는 족히 된다. 이렇게 잘 발달된 뿌리로 더러운 것들을 정화하는데, 오염물질인 질소와 인을 영양물로 흡수하기 때문에 고마리 군락이 있는 곳은 오염물질이 줄어들어 차츰 맑은 물로 바뀐다.

고마리의 뛰어난 정화 능력은 축산 폐수도 깨끗한 물로 정화할 정도여서 때로는 고마리 군락으로 인해 윗물보다 아랫물이 더 맑은 경우도 있다. 그래서 고마리는 주로 논둑이나 개울가 습지, 시커먼 도랑 주변에서 볼 수 있고, 보통 도시에서는 하수구 시궁창 같은 지저분한 곳에서 자란다. 놀라운 정화 능력을 지닌 고마운 식물 고마리, 그 이름에도 걸맞게 '고마운 고마리'라고 불린다. 작은 식물이라도 환경을 정화하고 때로는 우리의 마음을 정화하기도 한다. (퍼온 글)

우리는 참으로 모르는 것이 너무도 많다. 좋은 것들을 하나씩 알아갈 때마다 마음에 잔잔한 감동이 있다. 우리가 결코 혼자가 아니라는 사실 때문이다. '고마운 고마리'도 그중 하나이다. 순천만 습지도 생각난다. 길게 뻗은 고흥반도와 여수반도로 에워싸인 큰 만인 순천만에는 총면적이 약 160만 평에 달하는 거대한 갈대 군락이 펼쳐져 있다. 갈대 군락지로는 국내 최대 규모인데, 갈대의 북슬북슬한 씨앗 뭉치가 햇살의 기운에 따라 은빛 잿빛 금빛 등으로 채색되는 모습이 아주 장관이다.

이 갈대들이 순천만 습지를 지속적으로 깨끗하게 정화하는 주인공들이다. 그래서 이곳은 흑두루미, 재두루미, 황새, 저어새, 검은머리물떼새 등 국제적인 희귀조이거나 천연기념물로 지정된 30여 종의 새가 날아드는 곳이다. 그래서 전 세계 습지 가운데 희귀 조류가 가장 많은 지역으로 알려져 있다. (순천만 습지 안내 참조)

'고마운 고마리'와 더불어 '고마운 갈대'이다. 이들은 더러운 곳이나 습지에 살면서 자기가 있는 곳을 깨끗하게 정화함과 동시에 많은 동식물과 조류들이 건강하게 살 수 있는 환경을 제공한다. '선한 영향력'이다. 우리 크리스천들도 이와 같아야 한다. 각자의 삶의 현장에 매몰되어 도덕적 인간이 비도덕적인 사회에서 살아가는 한계를 토로하면서, 스스로를 안위하거나 교회 안의 신자로만 위안을 삼은 채 굳어버리지 말고, 삶의 현장이 어디든지 '고마운 고마리나 갈대'처럼 현장을 정화하여 함께 살아갈 수 있는 건강한 사회를 만들어가는 것, 우리가 기도하며 나가야 하는 '선한 영향력'이다.

나는 개인적으로 오운문화재단(코오롱그룹) 우정선행상 심사위원을 섬기고 있다. 이름도 빛도 없이 묵묵히 사회적 약자들을 섬긴 사람들을 찾아내어 그들을 격려하는 일이다. 대략 1년에 300여 건의 사례들이 자천타천으로 신청되고, 그 가운데서 대상 1명, 본상 3명, 격려상 등을 선정하여 꽤 큰 시상을 한다. 300여 건 모두 다 깊은 감동을 준다.

사회적 약자들과 공의로운 건강한 사회를 만들기 위해 혼자가 아니라, 이렇게나 많은 이들이 함께하고 있다는 사실 하나만으로도 서로가 서로에게 격려가 된다. 외로움과 무력감에서 벗어나 서로 의지하고 응원하며 새 힘을 주고받는다. 올해 그 가운데 한 분을 소개하려고 한다.

최경숙 미래여성의원 원장(산부인과 의사, 권사). 영등포 쪽방촌과 노숙자들을 매주 토요일마다 찾아가 그들의 건강을 무료 진료하고 약을 제공한다. 혼자서 가는 것이 아니라 내과, 소아과, 산부인과, 피부과, 치과, 이비인후과, 안과 등 각 진료과목의 의사들과 이들을 돕는 간호사들과 약사들 그리고 진료 장비들을 갖춘 '움직이는 병원'이다. 남편(소아과 의사, 장로)도, 딸(안과의사, 집사)도 모두 함께한다. 그분도 두 차례나 암에 걸려 힘든 시간을 보냈지만, 한결같이 그들을 섬겼다. 놀랍게도 40년 동안을. 이분이 올해 대상을 수상하셨다. 그분을 뵙고 생각해 본다. 40년이라…

움직이는 병원을 40년 동안이나… 결코 짧지 않은 시간이다. 그 40년 동안 쉬고 싶거나 포기하고 싶을 때도 많았을 테지만, 그럼에도 불구하고 모든 역경을 이겨낸 40년이 너무 존경스럽다. 또 중간중간에 기회가 될 때마다 장애인들과 이주민들의 건강도 정기적으로 섬겼다. "예수 믿으세요."라는 말 백 마디 천 마디보다 '이분의 삶' 그 자체가 '예수가 누구신지, 우리가 왜 예수를 믿어야 하는지, 예수를 믿은 사람들의 변화가 무엇인지, 예수쟁이들은 어떻게 살아야 하는지'를 그냥 전해준다. '예수쟁이의 선한 영향력'이다.

'도시(마을)의 치유와 회복과 재생'이 이런 분들을 통해 지속적으로 이뤄지고 있다. '하나님 나라'이다. 늘 드리는 말씀이지만, 예수는 '너희는 세상의 빛'이 되거라 하셨지 '교회의 빛'이 되라고 하지 않으셨다. 그러나 오늘 많은 크리스천이 '교회의 빛'이 되려고만 노력하지, '세상의 빛'이 되려고는 하지 않는다. 젊은이들이 교회를 떠나는 원인 가운데 하나이다.

세상은 걸어다니는 교회(Walking Church)인 이들 '작은 예수'(small christ)들을 통해 하나님을 본다. 예수를 만난다. 올 연말에 각 교회마다 힘들고 어려운 시절들을 보내고 있지만, 그럼에도 사회적 약자들을 돌아보고 돌보기를 소망한다. 그러면서 이들에게 "너는 결코 혼자가 아니야. 우리가 함께 있어. 힘내."라는 메시지를 성탄의 격려로 전해주지 않겠는가? 우리 교회가, 크리스천들이 '고마운 고마리와 습지'로 올 한 해를 마무리하면 어떨까?

"예수, 예수 믿는 것은 받은 증거 많도다." 그 '증거 나눔'이 '선한 영향력'이다. 하나님 나라가 각처에서 세워진다. 아기 예수가 임하시는 곳이다. 가정마다 교회마다 모든 이들에게 메리 크리스마스!

매일매일 크리스마스!

해마다 성탄절에 '동방의 제 4박사 이야기'를 한다. 간략한 내용은 이렇다.

알타반! 당시 40세의 파샤 사람 조로아스터교의 제사장이다. 그는 서쪽에 큰 별이 하나 떴다는 전갈을 받고 소중하게 간직해 왔던 보물인 루비, 청옥, 진주를 가지고 2천 리나 되는 먼 길을 홀로 떠났다. 오론테스 산기슭을 지나고 니키야 평야를 지나 유프라테스강을 건넌 지 10일 되던 어느 날, 드디어 그는 동방의 세 박사와 만나기로 한 장소에 도착했다. 그러나 그들은 3시간 전에 이미 떠나버렸다.

다시 달려가던 그 날 황혼에 알타반은 길가 종려나무 밑에서 이상한 물체 하나가 신음하고 있는 것을 발견했다. 가까이 가보니 히브리 사람 하나가 병들어 죽어가고 있었다. 알타반은 동방의 세 박사와 합류하기 위하여 그냥 지나치려 했다. 이때 히브리 사람은 알타반을 향해 애원했다.

"나를 살려주시오."

알타반은 기도했다.

"당신을 뵙기 위해 저는 이 사람을 지나쳐야 되지 않습니까?"

그러나 알타반은 그 환자에게 다가가 물과 귀한 약을 부어 상처를 치료해 줬다.

"당신은 누구이며, 어디로 가고 있습니까?"

"나는 알타반이요. 예루살렘에 새 왕이 나셨다기에 만나 뵈러 가는 길이요."

"그분은 예루살렘이 아니고 베들레헴에서 태어나셨소."

그러나 알타반은 동방의 세 박사와의 약속 때문에 부랴부랴 예루살렘의 약속한 장소에 도착해 보니 그들은 이미 베들레헴으로 떠나버렸다. 알타반이 다시 베들레헴에 도착했을 때는 동방의 세 박사는 이미 경배를 올리고 떠난 후였다. 한없이 고요하기만 한 베들레헴.

"태어나신 아기 왕은 지금 어디에 계십니까?"

알타반이 묻자, 한 여인이 작은 소리로 대답한다.

"애굽으로 피난을 떠나셨습니다."

바로 이때 헤롯의 군대가 어린아이를 모두 죽이러 온다는 고함소리를 듣고 이 여인은 실신한 사람처럼 움직일 수가 없었다. 알타반은 여인과 아기를 얼른 집에 들여보내고 자기가 그 집 앞을 막아섰다.

곧이어 들이닥친 군인들이 그 집을 수색하려 하자, 알타반은 청옥을 보여주면서 말했다.

"이 집에 들어가지 않으면 이 청옥을 주겠소."

그 보석을 보고 황홀해진 대장은 "이 집엔 아무도 없다."라고 소리치고는 가 버렸다.

"당신에게 바치려 했던 이 보석을 이 어린아이를 위해 썼습니다. 내 죄를 용서하여 주옵소서."

그러나 알타반은 여기에서 포기하지 않고 방방곡곡을 찾아다녔고, 살아남기 위해 하는 수 없이 루비를 팔았다. 그러나 진주만은 꼭 간직하고 있었다. 이것이 새 왕에게 바칠 마지막 남은 하나의 예물이었기 때문이다.

새 왕을 찾아 헤맨 지 어느덧 33년, 알타반은 어느새 73세의 노인이 되었다. 알타반은 끝까지 포기하지 않고 지친 몸을 이끌고 예루살렘으로 돌아와서 골목골목을 헤매고 다녔다. 그러던 어느 날, 때마침 유월절이었다.

"무슨 일이 일어났소?"

"아니, 당신은 여태 무슨 일이 일어난 지도 모르고 있소? 우리가 메시아로 믿었던 예수가 사형을 당한다오."

알타반은 기도했다. "내게 있는 이 마지막 진주로 그 예수를 속량해 보리라." 그리고는 늙은 알타반은 성문을 향해 있는 힘을 다해 빠른 걸음으로 걸어가고 있었다. 바로 그때, 한 소녀가 알타반을 향해 말한다.

"착하신 할아버지, 저는 돌아가신 아버지의 빚 때문에 종으로 끌려갑니다. 저는 종이 되고 싶지 않습니다. 저를 도와주세요."

알타반은 "하나님! 이 진주는 저 사형당하는 왕을 위해 써야 되지 않습니까?"라고 스스로 물었지만, 그는 어느덧 손을 펴서 빛나는 진주로 그 소녀를 속량해 주었다. 그때 지진이 일어났고 천둥소리가 요란하게 천지를 흔들었다. 기와 하나가 떨어져 알타반의 머리를 쳤다. 그는 피를 흘리며 그 자리에서 죽어가고 있었다. 늙은 알타반의 입술이 힘없이 들먹거리고 있었다.

"언제 제가 당신이 배고플 때 음식을 주었고, 목마를 때 마실 것을 드렸으며, 병 들었을 때 돌보아드렸습니까? 저는 당신을 뵙지도 못했는데…" 창백했던 알타반의 얼굴이 기쁨으로 변했다. 그는 하나님 앞으로 불림을 받아 올라가고 있는 중이었다. (퍼온 글)

주님은 "지극히 작은 자 하나에게 한 것이 곧 나에게 한 것"(마태복음 25:40)이라 하셨다. 지극히 작은 자! 강도 만난 사람들! 나의 도움을 필요로 하는 이웃들! 바로 그들을 외면하지 않고 돌보는 것(기도, 자비와 긍휼, 선행)이 주께 하는 것과 같다는 말씀이다.

2022년 성탄절에 우리가 동방의 제 4박사처럼 '나의 도움을 필요로 하는 우리의 이웃들'을 함께 섬기며 나눌 때, 바로 그곳은 베들레헴 마구간이 된다. 거기서 우리는 예수를 만나는 은총을 덧입게 되지 않을까?

성탄절뿐만 아니라 내가 언제든지, 어디서든지 '오늘의 알타반'으로 존재하는 바로 그곳이 이 땅에 오신 예수를 만나는 '베들레헴 마구간'이 아니겠는가.

일 년 내내 매일매일 크리스마스!

밧세바 신드롬과 노블레스 오블리주

다윗왕은 밧세바를 범했을 뿐 아니라, 결국 그의 남편인 충성된 장군 우리아도 죽게 만든다. 분명히 왕이 나쁜 짓을 한 것이고 잘못이다. 그러나 당시 어마무시한 왕의 권력 때문에 일반 백성들은 "에이, 그런 것쯤이야" 하며 자기 핑계 삼아 애써 외면하고 지나갔다. 그러나 하나님께서는 그냥 지나가지 않으셨다. 나단 선지자를 보내어 다윗의 잘못과 죄를 짚으신다. 다윗은 회개하지만, 하나님은 밧세바에게서 난 아이를 걷어가신다.

'밧세바 신드롬'(bathsheba-syndrome)이라는 심리학 용어가 있다. 이름 첫마디에 벌써 목욕을 뜻하는 'bath…'라는 말에서 추측할 수 있듯이, 이는 '고위 공무원, 고위 공직자들의 도덕 결핍증'을 말한다. 내가 왕, 대통령인데, 내가 장관, 비서실장인데, 내가 기업 총수인데, 내가 돈이 얼마나 많은데, 내가 총장, 문화 예술계의 킹메이커인데, 내가 비선 실세인데, 내가 한가락 하는 이들과 친한 사람인데, 내가 목사, 감독, 신부, 주교, 장로인데, '~인데, ~인데, ~인데, ~인데'…
설마 내가 이런 일 한다고, 이 정도쯤이야 감히 누가 뭐라겠느냐고
갑질을 일삼는다. 그리고 그것을 스스로 감지하지 못하거나 아예
느끼지도 못하는 '도덕적 윤리적 결핍증'이 바로 '밧세바 신드롬'이다.
그런데 이 '밧세바 신드롬'은 불어의 '노블레스 오블리주'(noblesse
oblige)와도 일맥상통한다. 사회의 지도층이라면 그에 따른 사회적으
로 높은 준법정신이 필요하다는 의미이다.

구약성경의 밧세바와 다윗의 이야기는 약 3천 년 전 일이지만,
현재도 비슷한 일이 계속 벌어지고 있다. 바로 '미투운동'(Me Too
Movement)이다.

'미투운동'은 2006년 여성 사회운동가인 타라나 버크(Tarana
Burke, 1973. 9. 12.~)가 미국에서도 가장 약자인 소수인종 여성,
아동들이 자신의 피해 사실을 드러낼 수 있도록 독려해 주고, 피해자들
끼리 서로의 경험을 통해 공감하고 연대하며 용기를 내어 사회를
바꿔 나갈 수 있도록 창안한 것이다. 처음에는 익명으로 조심스럽게
시작되었으나, 운동이 확산됨에 따라 조금씩 피해자들이 용기를 내어
자신을 드러내기 시작하게 되었다. 그리고 이윽고 2017년 10월에
이르러서는 '하비 와인스틴 성범죄 파문' 등으로 성범죄 피해자들의
성범죄, 성폭력 피해가 큰 반향을 일으켰다. 이로써 확실히 공개
운동의 성격을 띠게 되었다.

이제껏 피해 사실을 숨긴 피해자들의 '성범죄를 더는 묵과하지
않겠다.'라는 뜻에서 시작되었기에, 그 내용은 아동 성범죄부터 넓게

보면 전쟁 범죄로 인한 위안부 문제까지도 포함하고 있다. 한국에서도 2018년 1월 29일 검찰 내부 통신망 '이프로스'(e-pros) 게시판에 "나는 소망합니다"라는 글을 올리고, 이후 JTBC 뉴스룸에 출연하여 인터뷰를 통해 처음으로 성추행 피해 사실을 고백한 '서지현 검사'를 시작으로 공개적으로 미투운동이 시작되었다.

이어서 정치, 사회, 문화, 경제, 종교계에 이르기까지 그동안 존경을 받았고, 정의를 부르짖었으며, 사랑을 한 몸에 받았던 인물들이 봇물 터지듯 매일같이 뉴스 화면을 한동안 점령하고 있었다. 하루아침에 그 높은 곳에서 대책 없이 그냥 뚝뚝 바닥까지 떨어졌다. 그러다 보니 이곳저곳에서 억울하게 피해를 보는 사람들도 생겨났고, 모든 남성을 적으로 몰아가는 페미니즘도 나타나고 있다.

그러나 미투운동 창설자인 '타라나 버크'는 "분명 미투운동은 성폭력을 겪은 이들 모두를 위한 것이지, 여성들만을 위한 운동이 아니다. 남자들은 적이 아니라는 점을 분명히 해야 한다."라고 말한다. 그렇다. 우리는 분명 '미투운동의 중심과 본질'을 직시해야 한다. 남성이든 여성이든 관계없이, 어느 집단에서든 제도와 권력을 이용하여 강자의 위치에 있는 사람들이 상대적으로 약자인 사람들의 의견을 무시하고 그들의 의사와는 관계없이 강압적으로 자기의 욕심과 욕망을 성취하려고 위해를 가할 때, 이건 분명히 범죄행위이자 인격 모독임이 분명하다.

그러기에 광의로 볼 때, 미투운동은 '밧세바 신드롬'에 대한 저항이다. 아직도 교회 안에서도 "내가 목사, 장로요, 중요한 인물이기에"

상대적으로 약자들을 성적으로나 회의할 때나 신앙생활에서나 강압하는 사람들이 있다면, 그리고 나도 모르게 그런 모습들이 습관적으로 나온다면, 역시 '밧세바 신드롬'이다. 회개해야 한다. 우리는 다만 '청지기'일 따름이다. 주어진 직분은 섬김을 위해 받았을 따름이다(벧전 4:10, 빌 2:3, 고전 12:22-27).

요즘 한국은 대선이 다가오면 올수록 점점 어떤 분이 대통령이 되어도 대한민국이 힘들겠다는 자조 섞인 이야기들을 주변에서 종종 듣게 된다. 터져 나오는 과거의 행적들을 볼 때 '밧세바 신드롬'과 연관이 있어 보인다고들 말한다. 노블레스 오블리주(noblesse oblige) 라는 인성과 선행은 찾아보기 힘든 상황이다.

필자가 모 대학교에 이사로 있었을 때, 총장 후보들과 인터뷰를 한 경험이 있었다. 후보들 모두 "내가 총장이 된다면 이렇게 저렇게 장학금을 마련하여 사랑하는 학생들에게 제공하겠다."라는 포부를 밝혔다.

당시 나는 그분들에게 이렇게 질문했다.

"두 분 모두 평교수, 교무처장, 대학원장 등 학교 보직을 다 거치셨는데, 그때는 학생들을 사랑하지 않았습니까? 꼭 총장이 되어야만 장학금을 마련하여 학생들에게 제공하겠다는 것입니까?"

대통령 후보들이 되기까지 얼마나 힘든 과정들을 통과했겠는가? 나는 개인적으로 그들이 평범했을 당시에 행했던 노블레스 오블리주의 실천과 선행들을 보고 싶다. 그리고 마땅히 오늘까지 이어진다면,

그 진정성이 충분한 자격 기준이 된다고 생각한다.

개신교회는 'Protestant, 저항'이다. 마땅히 '밧세바 신드롬'에 저항해야 한다. 교회 안에서 먼저 노블레스 오블리주로 참회의 운동이 일어나, 차별 없이 공평하고 공의로운 하나님 나라로 이끌어가는 진정한 표지(Sign)가 되어야 한다. 그리고 교회가 사회의 지표가 되기를 희망해 본다.

나 하나만큼은

옛날에 '모든 사람'(Everybody), '어떤 사람'(Somebody), '누구라도'(Anybody), '아무도'(Nobody)라는 이름의 네 사람이 있었다. 그런데 중요한 일이 하나 생겼다. '모든 사람'이 그 일을 하도록 요청받았다. 그러나 '모든 사람'은 '어떤 사람'이 그 일을 하리라고 생각했다. 그 일은 '누구라도' 할 수 있는 일이었다. 하지만 '아무도' 그 일을 하지 않았다. '어떤 사람'은 화가 났다. 이 일은 '모든 사람'의 일이었기 때문이다. '모든 사람'은 '누구라도' 그 일을 하리라고 생각했고, '아무도' '모든 사람'이 그 일을 하지 않으리라는 것을 몰랐다. 이 일은 '모든 사람'이 '어떤 사람'을 비난하고 애초에 '누구라도' 할 수 있었던 그 일을 '아무도' 하지 않음으로써 끝났다.

마지막 보고서에 의하면 이 네 사람은 여전히 말다툼을 하고 있었고, 그 일은 아직도 이뤄지지 않은 채 그대로 있다고 한다. (퍼온 글)

유럽에서는 매년 포도 수확이 거의 끝나갈 무렵, 성주가 일 년 농사 수고했다고 마을 사람들을 성으로 초청하여 잔치를 베푸는 풍습이 있었다. 이때 마을 사람들은 손에 포도주 한 병씩을 들고 와서는 성문 앞에 놓여 있는 큰 항아리에 자기가 가지고 온 포도주를 붓고 들어가야 했다. BYOB(Bring your own bottle party)였다. 마을 사람들이 하나, 둘씩 모여들었고 항아리에는 제법 포도주가 찼다. 성주는 푸짐하게 음식을 준비하고 마을 사람들은 음식을 마음껏 먹고 춤도 추고 노래도 부르면서 잔치를 즐겼다.

한참 분위기가 무르익었을 때 성주가 군사들에게 명령하여 성 입구에 놓인 항아리를 가져다가 각기 마을 사람들의 잔에 채워서 건배하자고 한다. 성주와 마을 사람들의 잔에는 항아리에 담긴 포도주들이 채워졌고, 성주의 건배에 맞춰 다 함께 포도주를 마셨다. 그런데 이게 어찌 된 일인지 정작 포도주여야 하는데, 이건 물이 아닌가? 다른 사람들이 다 포도주를 넣을 테니 "나 하나쯤이야" 하는 마음으로 모든 마을 사람들이 포도주가 아닌 물을 항아리에 넣은 결과였다.

다른 사람들이 다 할 테니 "나 하나쯤은"의 마음이 아니라, 다른 사람이 다 하지 않더라도 "나 하나만큼은"이라는 마음이 아름다운 마음이다. 하나님과 교회의 일은 하나님의 은혜와 사랑에 감격하여 "나 하나만큼은" 맡겨진 자리에서 맡은 바 일들을 위해 충성과 봉사와 헌신을 다하는 것이다.

제4부

아버지의 품에 안겨

"제가 여기 100달러짜리 지폐를 마구 구기고 바닥에 던져
더럽게 했더라도 여러분이 생각하는
100달러의 가치는 전혀 줄어들지 않았습니다.
이와 같이 '나'라는 존재 가치도 마찬가지입니다.
비록 '나'라는 존재가 인생의 역경을 겪으면서
구겨지고 더러워졌을지라도
'나'라는 존재 가치는 전과 다름없이 소중한 것입니다."

너 하나님의 사람아!

어느 강사가 강의 도중 지갑에서 100달러짜리 지폐를 보여주며 말한다.

"이 100달러를 갖고 싶은 사람, 손 들어보세요."

사람들은 무슨 일인가 의아해하면서도 모두 손을 든다. 그러자 강사는 그 100달러를 주먹에 꽉 쥐고 구기더니 다시 말한다.

"여기 구겨진 이 100달러를 갖고 싶은 사람, 손 들어보세요."

이번에도 모두 손을 든다. 강사가 구겨진 100달러를 바닥에 던진다. 뽀얗게 먼지까지 묻었다. 그는 다시 말한다.

"구겨지고 버려진 이 100달러를 갖고 싶은 사람, 손 들어보세요."

역시 모두 손을 든다. 그걸 본 강사는 말한다.

"제가 여기 100달러짜리 지폐를 마구 구기고 바닥에 던져 더럽게 했더라도 여러분이 생각하는 100달러의 가치는 전혀 줄어들지 않았습니다. 이와 같이 '나'라는 존재 가치도 마찬가지입니다. 비록 '나'라는 존재가 인생의 역경을 겪으면서 구겨지고 더러워졌을지라도 '나'라는 존재 가치는 전과 다름없이 소중한 것입니다."

가슴이 뭉클해진다. 우리도 세상을 살다 보면 때론 실패할 수도, 때론 좌절할 때도 있다. 이 100달러의 지폐처럼 인생이 구겨지고 더러워질 때도 있다. 그럴 때마다 우리는 스스로 자책하고, 평가 절하하고, 절망하고, 우울증에 빠져서 대인 기피증까지 겪게 되기도 한다. 그러나 아무리 100달러짜리 지폐가 구겨지고 더러워졌을지라도 그 100달러엔 100달러의 가치가 그대로 남아 있듯이, '나'라는 존재는 내가 어떤 상황에 처해 있든지 그 자체만으로도 소중한 가치를 지니고 있다. 이 사실을 명심해야 한다.

그렇다면 우리의 내적 가치는 무엇인가? "나는 참 소중한 사람이다." "나는 누군가에게는 참 소중한 사람이다." "나는 사랑받기 위해 태어난 사람이다."라는 사실이다. 우리는 많고 많은 사람 중에서 택함을 받은 '나는 하나님의 자녀요 백성'이라는 사실이 우리 믿는 자들의 '내적 가치'이다. 이 믿는 자들의 내적 가치는 우리가 가난할 때나 부유할 때나, 건강할 때나 아플 때나, 있을 때나 없을 때나 어떤 상황 속에서도 결코 달라지지 않는다.

'하나님의 사랑'이다. 아니 달라지지 않아야 한다. 우리의 믿음이다. 이 내적 가치를 붙들고 사는 사람이 '하나님의 사람'이다. 사람이 축복을 따라가는 것이 아니라, 축복이 하나님의 사람을 따라가는 것이다. 성경 이야기 하나 없는다.

가나안 땅을 앞에 둔 12명의 정탐꾼 이야기, 더 정확히 말하면 갈렙의 이야기이다. 12명의 정탐꾼 보고 중 갈렙이 40세 때 한 말이다.

"갈렙이 모세 앞에서 백성을 조용하게 하고 이르되 우리가 곧 올라가서 그 땅을 취하자 능히 이기리라."(민수기 13:30) 그로부터 45년이 흘러 85세가 되어 갈렙이 다시 외친다. "내 나이 40세에 가나안 땅을 정탐하고 돌아와 성실하게 보고했습니다. 이제 내가 45년이 지나 나이가 85세가 되었습니다. 그러나 그때나 지금이나 나는 강건합니다. 그러니 그날에 여호와께서 말씀하신 이 산지를 내게 주소서. 여호와께서 나와 함께 하시면 내가 여호와께서 말씀하신 대로 그들을 쫓아내리이다." (여호수아 14:12)

45년 전 40세 때나, 45년 후 85세 때나 갈렙의 꿈은 똑같았다. 오늘 비록 45년 전과 같이 그 땅에 아낙 자손이 있을지라도, 오늘 비록 45년 전과 같이 철병거와 견고한 성읍과 잘 훈련된 막강한 군대가 내 앞을 가로막을지라도, 그리고 45년이 지나 오늘 내 나이가 85세가 되었을지라도, "그날에 말씀하신, 즉 45년 전에 말씀하신 그 산지를 지금 내게 주소서! 여호와께서 나와 함께 하시면 내가 여호와께서 말씀하신 대로 그들을 쫓아내리이다."

45년이 지나 85세가 될 때까지 변하지 않고 하나님이 주신 약속과 꿈을 붙들고 놓치지 않았던 갈렙! 진정 변치 않는 '내적 가치를 지닌 하나님의 사람'이었다. 하나님은 결국 갈렙에게 그 땅을 주셨다. 우리도 이와 같이 첫 믿음이, 첫 사랑이, 첫 은혜가, 첫 봉사와 헌신이, 첫 전도가 오늘까지, 45년이 지나 내 나이 85세가 되어서도 변치 않아야한다. 그럴 때 결국 우리는 하나님 약속의 성취자, 꿈의 주인공들로 응답받게 될 것이다.

나도 목회하면서 가장 힘이 되는 동역자는 이렇게 갈렙처럼 '변치 않는, 한결같은 사람들', '내적 가치를 끝까지 붙들고 신앙의 자리를 지켜내는 사람들'이다. 바울은 이들을 '동역자'라 부른다. "하나님의 나라를 위하여 함께 역사하는 자들이니 이런 사람들이 나의 위로가 되었느니라."(골로새서 4:11) 우리 모두 변치 말고 한결같이 하나님의 동역자, 목회자의 동역자, 성도들 간의 동역자가 되어서 서로가 서로에게 변치 말고 한결같은 위로가 되어주기를 바란다.

바로 갈렙과 같이, 40세의 고백이 85세의 고백이 되는 성도들이다. 이런 하나님의 사람들은 결국 문제가 해결되고, 기도가 응답되고, 욥과 같이 주께서 주시는 결말을 분명히 보게 된다. 축복은 이런 '하나님의 사람들'을 따라간다. 가을의 풍요로운 열매들을 바라보며 우리가 함께 하나님의 사람들이 되는 꿈을 꿔본다.

헤아림

어머니 날을 맞아 이색적인 현수막이 서울의 한 동네에 걸렸다.

"꽃으로 퉁칠 생각 마라.―엄마가"

어머니날에 카네이션 한 송이 달아주는 것만으로 퉁치고 지나가려는 마음을 갖고 있는 자녀들에게 어머니들이 주는 경계경보 발령이다. 자녀들을 한 방 먹이는 엄마들은 도대체 무엇을 원하시는 것일까?, 그 현수막 위에 "엄마의 마음을 조금만이라도 더 헤아릴 수 없겠니?"라고 말씀하시는 우리 엄마의 모습이 보인다. 자식에 대한 어머니의 마음은 아마 세상의 그 어떤 것과도 비교할 수 없을 것이다.

아이를 갖고서는 이 아이가 무사히 건강하게 잘 태어날 수 있도록 그 좋아하던 커피도 끊고, 아이에게 좋다면 먹지 않던 우유도 하루에 여러 잔씩 마시고, 아이에게 무리가 갈까 봐 걷는 것도 조심조심, 그렇게 노심초사한 후 해산의 고통을 겪고 아이를 이 세상에서 가장 처음 만나게 된다. 엄마들은 세상에 태어난 내 아이가 조금씩 커가면서 자기 이름을 한 자 한 자 쓸 수 있게 되면, 박수를 치며 즐거워한다. 또 가게에 가서 거스름돈만 잘 받아와도 아주 비상하고 특별한 아이인 줄 알고 기뻐한다. 피아노나 바이올린을 갖고 삑삑대기만 해도 유명한 피아니스트나 바이올린의 대가가 될 것처럼 뿌듯해져서 자랑스러워하는 것이 어머니의 마음이다. 착각이다. 착각은 자유이다. 그러나 착각이라도 즐거운데 어쩌란 말인가? 이 세상에서 어머니의 이 착각을 빼앗을 수 있는 자는 아무도 없다.

자라나면서 그 착각이 현실을 만나 하나씩 깨어져 가지만, 그렇다고 그 즐거움과 사랑이 좀처럼 식지는 않는 것이 어머니의 마음이다. 자식들이 커 가면서 효도하든 불효하든 관계없이 어머니들의 마음은 일편단심 변함이 없다. 그러기에 자식은 변해도 어머니는 한결같다. 어머니의 관심은 오직 하나! 내 '아이'이다. 어렸을 때든, 나이가 들었을 때든 관계없이 어머니의 관심은 오직 하나! 내 '아이'이다. 자녀들은 이런 어머니의 마음을 헤아릴 줄 알아야 한다.

"너희가 헤아리는 그 헤아림으로 너희도 헤아림을 도로 받을 것이니라." (누가복음 6:38)

헤아림! 우리가 자녀일 때는 어머니의 마음을 헤아리지 못했다. 그러다 우리도 어느덧 어머니가 되어 자녀를 키우면서 자녀들이 속썩일 때면, "나도 저랬지!" 하면서 더욱더 어머니를 생각하게 된다. 그때 어머니의 마음도 지금 내 마음과 같았겠구나! 어머니! 오직 당신의 관심은, 오직 당신의 즐거움은, 오직 당신의 사랑은 바로 '나'인 것을, 오직 당신의 삶 전체가 바로 '나'인 것을… 이제야 깨닫고 코끝 찡하니 느껴져, 쪼그라든 어머니의 손을 붙잡아 본다.

이런 어머니의 마음을 조금만이라도 더 헤아리는 자녀들이 되기를 바란다. 연세 들어서 아무것도 하시지 못할지라도 어머니가 계시는 그 자리 하나만으로도 너무 소중한 분, '어머니'이시다. 어머니가 하늘나라로 이사를 가신 분들은 계실 때는 무심하다가도, 안 계시니까 왜 더 잘해드리지 못했는지 아쉬운 마음이 남는다. 어머니! 계실 때 잘해야 한다. 옛시조에 "어버이 살았을 적 섬기기 다하여라. 지나간 후면 애 닳다 어이하랴. 평생에 고쳐 못 할 일 이뿐인가 하노라."라고 한다.

한국의 서울여자대학교에서 몇 년 전 사랑의 엽서 공모전에서 대상으로 당선된 글이다.

"나에게 티끌 하나 주지 않은 걸인들이 내게 손을 내밀 때면 불쌍하다고 생각했습니다. 그러나 나에게 전부를 준 어머니가 불쌍하다고 생각해 본 적은 없었습니다. 나한테 밥 한번 사준 친구들과 선배들은 고마워서 답례하고 싶어 불러냅니다. 그러나 날 위해 평생 밥상 차려주시고 밤늦게까지 기다리는 어머니께 감사하다고 생각해 본 적은 없었습니다. 실제로 존재하지도 않는 드라마 속 배우들 가정사에 그들을 대신해 눈물을 흘렸습니다. 그러나 일상에 지치고 힘든 어머니를 위해 진심으로 눈물을 흘려본 적이 없었습니다. 골방에 누워 아파하던 어머니 걱정은 제대로 한 번도 해본 적이 없었습니다. 친구와 애인에게는 사소한 잘못 하나에도 미안하다고 사과하고, 용서를 구했습니다. 그러나 어머니에게는 잘못을 셀 수도 없이 많이 했어도 용서를 구하지 않았습니다. 죄송합니다, 어머니. 죄송합니다, 어머니. 세상의 모든 어머니는 위대하기에 어머니를 생각하며 이 글을 올립니다."

참 마음이 저려옵니다. "꽃으로 퉁칠 생각하지 마라.―엄마가"라는 현수막 위에 담긴, 이 세상의 모든 엄마들이 하고 싶은 그 이야기가 오버랩되어 느껴진다.

시어머니께도 잘해야 한다. 시어머니도 내 사랑하는 남편을 키워준 어머니이시고, 내가 눈에 넣어도 아프지 않은 내 자녀들의 할머니이시다. 시어머니 마음을 헤아리는 며느리가 될 때, 남편도 장모님 마음을 헤아린다. 지혜이다. 나를 위해 희생하신 어머니를 생각하며 진심으로 감사하다는 그 따뜻한 한마디! 사랑한다고 어머니를 안아주는 마음! 엄마가 좋아하기에 군고구마, 군밤, 찰옥수수 식을까 봐 가슴에 품고 열심히 달려오는 그 걸음! 어머니에게 진정 큰 기쁨과 감사가 되는 자녀들이다.

어머니의 희생과 헌신을 생각하며, 나를 향한 어머니를 헤아릴 줄 아는 마음! '헤아림!' 2019년 어머니 날에 드릴 가장 값진 선물일 것이다.

그렝이질 신앙

흙바닥 위에 세운 기둥은 상식적으로 깨지고, 썩고, 미끄러지기 쉽다. 당연히 오래가지 못할 것이 뻔하다. 그래서 옛 시절 집을 지을 때는 기둥 밑에 주춧돌을 받쳐 놓고 집을 지었다. 하지만 자연에서 얻는 다양한 돌들의 모양은 울퉁불퉁 제멋대로이기 마련이다. 톱과 대패를 이용해서 만든 나무 기둥의 단면은 평평해진다. 그러면 주춧돌 위에 기둥을 얹기 위해서 단단한 돌을 어렵게 평평하게 깎는 것보다, 옛 장인들은 더 깎기 쉬운 나무 기둥의 단면을 울퉁불퉁한 주춧돌의 단면과 꼭 맞도록 깎아내어 문제를 해결했다.

이렇게 주춧돌의 표면과 나무 기둥이 꼭 맞도록, 기둥의 단면을 깎아내는 것을 '그렝이질'이라고 한다. 그렝이질이 잘된 기둥은 못이나 접착제를 사용하지 않아도 쉽게 넘어지지 않고 단단하고 꼿꼿하게 서 있다. 그리고 지진이 났을 때 주춧돌이 매끈한 돌이라면 기둥이 밀려갈 수 있지만, 한옥의 경우 울퉁불퉁한 주춧돌 위에 서 있어서 쉽게 밀리지 않고 오히려 울퉁불퉁한 면이 기둥을 안전하게 잡아주는 역할을 한다. 바람이 강한 제주의 돌담들이 밀리지 않는 이유는 다르게 생긴 돌들끼리 아귀를 맞추기 때문에 서로를 자연스레 잡아주는 힘이 생기는 것이다. (퍼온 글)

'그렝이질 기법', 참 많은 것을 생각하게 한다. 신앙을 돌이켜 본다. 우리의 주춧돌은 '예수 그리스도'이시다. 우리는 그 위에 내 인생을 놓고, 깎고 가다듬어 딱 꿰맞추어야 한다. 나 자신을 주춧돌인 성경 위에 얹어놓고 비쭉 비쭉 튀어나온 부분들은 이유 여하를 막론하고 과감히 잘라내고, 움푹움푹 들어간 부분들은 주저함 없이 말씀으로 채워 넣어, 나 자신을 '너 하나님의 사람아!'라고 불리도록 만들어가야 한다. 나의 확고한 의지가 있다면 성령께서 도와주신다.

그렝이질 기법으로 지은 한옥이 주춧돌과 나무 기둥들이 서로를 자연스레 끌어당겨 잡아주는 힘이 있어 지진과 홍수 같은 천재지변이나 바람이 강한 지역에서도 든든하게 견디듯이, 예수 그리스도라는 주춧돌 위에 나 자신의 인생을 맞춰 나가, 버릴 거 버리고 채울 거 채워서 그 위에 인생을 세워나간다면, 사단과 마귀의 시험과 세상이 주는 유혹이나 어떤 환란이 닥칠지라도 무너지지 않고 넉넉히 당당하게 뚫고 나가게 될 것이다(마 7:24-25). '그렝이질 신앙'이다. 그런데 어떤 사람들은 세상의 재물이나 권력이나 명예나 지식이나 경험이라는 흙바닥 위에 자기 인생의 기둥을 세운다. 비가 오면, 인생의 환란이 닥치면, 쉽게 무너져 버리고 만다(마 7:26-27). '허무한 인생'이다.

또 어떤 사람은 주춧돌이 예수가, 말씀이 아니라 자기가 된다.

자기가 기준이 되어 이건 믿을 수 있고, 저건 믿을 수 없다고 하는 '부분적 순종의 신앙'을 지닌다. 또 봉사와 헌신을 함에 있어서도 수고하는 시간, 사용되는 물질, 섬기는 달란트 등 "이건 너무 많아 이 정도면 모든 게 다 적당해."라고 스스로 그 한계를 정해 놓고, 그 안에서 신앙생활 하려는 '편의주의적 신앙'을 지니기도 한다. "세상의 문화와 풍조가 이런데 단순히 내가 믿는다고 해서 이런 것들을 무시할 수는 없어." 그러니 하나님도 좋고 세상도 좋고 "아마 하나님도 이해해 주실 거야."라고 생각하는 '혼합주의적 신앙'을 지니기도 한다.

그런데 이러한 신앙의 형태가 모두 다 '위조된 신앙'이다. 자기는 신앙이라고 하지만 절대로 신앙일 수 없는, '신앙인 것처럼 보이는 신앙'일 따름이다. 이것을 가리켜 성경은 '스스로 믿는 믿음'이라고 한다. 그리고 이는 어리석기에 방자하고, 교만하여 이런 믿음을 갖게 된다고 말한다.

"어리석은 자는 방자하여 스스로 믿느니라." (잠 14:16)

세상에서 가장 작은 자 바울도 세상에서 가장 큰 자였던 사울이었을 때 이러했다.

"지혜로운 자는 두려워하여 악을 떠나나 어리석은 자는 방자하여 스스로 믿느니라." (사도행전 26:9)

이제 우리 신앙을 '리셋'해야 한다. '부분적 순종'이 아니라 '온전한 순종'으로, '편의주의적 신앙'이 아니라 '절대적 순종'으로, '혼합주의 신앙'이 아니라 '선명한 신앙'으로, '스스로 믿는 방자한 신앙'에서

'성서적 신앙'으로 나 자신을 리셋해야 한다. 바로 주춧돌 되신 예수 그리스도 위에 나를 꿰맞추는 일명 '그렝이질 신앙'으로 말이다.

그리고 서로 다른 환경 속에서 자란 사람들이 만나는 교회 안에서도 이 '그렝이질' 신앙이 필요하다. 뿌리가 예수 그리스도만 분명하다면, 서로가 '틀림'이 아닌 '다름'을 인정하고 주 안에서 함께 교회를 든든히 세워나갈 수 있다. '바람이 강한 제주의 돌담(교회)들이 밀리지 않는 이유는 다르게 생긴 돌(성도)들끼리 아귀를 맞추기 때문에 서로를 자연스레 잡아주는 힘이 생기는 것'이다.

올가을에 우리 신앙을 한번 그렝이질 신앙으로 리셋해서, 그때 임하시는 보다 풍성한 은혜가 충만한 계절이 되어 보는 것은 어떨까?

부모가 살아야 자식이 산다!

한국에서 있었던 일이다. 어느 해인가 학군이 좋다는 강남에서 아파트 분양할 때, 가장 비싼 층이 25층 고층 아파트에 5층이었다고 한다. 이유는 바로 앞이 초등학교인데, 5층에서는 아파트 베란다에 망원경 설치해 놓고 교실을 들여다볼 수 있기 때문이라는 것이다. 부모들이 아이들을 어느 때까지 자기 품에 끼고 살 수 있다고 생각하는 가? 중학교만 들어가도 어림도 없다. 부모보다 또래 친구들하고 같이 있는 것을 더 행복해한다. 이렇게 우리 자녀들이 커가면서 점점 부모의 품을 벗어나려고 하는 것이 이상한 게 아니다. 당연한 일이다.

문제는 이때, "우리 자녀들이 세상의 쾌락과 유혹에 휩쓸려 같이 마약하고, 같이 나쁜 짓을 하고, 같이 하지 않으면 왕따를 당하는 그 안에서 어떻게 스스로 올바르고 당당하게 살 수 있을까?" 하는 것이 바로 우리 부모들이 가져야 하는 현실적인 고민이 되어야 한다. 방법은 단 하나뿐이다. 우리 자녀들이 언제 어디서나 해야 할 것과

하지 말아야 할 것들을, 그리고 가야만 할 길과 가지 말아야 할 길을, 그리고 있어야 할 자리와 있어서는 안 되는 자리를 스스로 판단하고 분별할 수 있는 '신앙적 가치관'을 심어줘야 한다. 부모들이 자녀들에게 해 줄 수 있는 가장 최상은 자녀들이 이렇게 '신앙적 가치관'을 갖도록 도와주는 것이다. 그렇다면 부모들은 자녀들을 어떻게 도울 수 있을까?

어느 날, 한 어머니가 아들을 데리고 먼 길을 걸어서 간디에게 와서 말했다.

"선생님, 제발 도와주세요. 제 아들이 설탕을 지나치게 좋아해요. 건강에 나쁘다고 아무리 타일러도 제 얘긴 듣지 않아요. 그런데 제 아들이 간디 선생님을 존경해서 선생님께서 끊으라고 말씀해 주시면 끊겠다는군요."

간디는 잠시 소년을 바라보더니 어머니께 말했다.

"도와드리겠습니다. 하지만 보름 뒤에 아드님을 데려오십시오."

먼 거리를 걸어왔기에 어머니는 야속했지만, 보름 뒤 아들을 데리고 다시 간디를 찾아왔다. 간디는 소년에게 말한다.

"얘야, 설탕을 많이 먹으면 건강을 해치니 먹지 않는 것이 좋겠구나!"

설탕을 먹지 않겠노라 약속한 아들을 보며, 고마운 뜻을 거듭 전하던 어머니는, 궁금했던 것이 생각나 간디에게 묻는다.

"선생님 보름 전에 찾아뵈었을 때, 그때 말씀해 주시지, 왜 보름 후에 다시 오라고 하신 건가요?"

그러자 간디가 대답했다.

"사실, 저도 설탕을 좋아합니다. 보름 전 그때는 설탕을 자주 먹고 있었던 때였습니다. 제가 설탕을 먹으면서 설탕을 먹지 말라고 할 수는 없었습니다. 그래서 제가 먼저 설탕을 끊어야 했습니다."

간디의 삶이 존경받았던 이유이다. '양육'이다. '교육'(Pedagogy)과 '양육'(Peideia)은 다르다. 부모가 거짓말하면서 아이들에게 거짓말하지 말라고 가르칠 수는 있다. 그러나 가르친들 무슨 소용이 있겠는가? 결국 부모가 거짓말하면 자녀들도 거짓말한다. 굳이 가르치지 않아도 부모가 정직하게 살면 아이들도 몸으로 배워 정직하게 살게 된다. 부모가 자기는 그렇게 살지 않으면서 그렇게 살라고 하면 자녀들이 노여워한다. 자녀들이 "아빠나 잘하세요, 엄마나 잘하세요!" 하며 콧방귀도 뀌지 않는다. "또 아비들아, 너희 자녀를 노엽게 하지 말고"(엡 6:4).

그러나 부모들이 먼저 그렇게 살면, 그런 부모님의 모습을 눈으로 보고, 몸으로 느끼며 자라난 아이들도 그렇게 살게 된다. '양육'(Peideia, Nurture)이다. "오직 주의 교훈과 훈계로 양육하라"(엡 6:4). 성경은 우리에게 '양육'을 말한다. 모든 것의 출발은 가정이다. 부모의 삶이다. 아이들의 삶에서 부모인 나를 들여다볼 수 있다면 은혜이다.

부모가 먼저 성경 봐야 그 모습을 보고 커가는 아이들도 성경을 본다. 부모가 먼저 찬송해야 그 모습을 보고 자라는 아이들이 입에서 찬송이 떠나지 않는다. 부모가 먼저 기도해야 그 모습을 보고 커가는 아이들도 기도한다. 이것이 '양육'이다. 부모는 이렇게 자기의 삶을 통하여 아이들이 신앙적 가치관을 갖고 살 수 있도록 도와야 한다.

어느 리서치 기관에서 조사한 통계이다. 부모가 자녀들과 하는 대화 가운데 80% 이상이 "잘 잤니, 잘 지내니, 밥 먹었니, 어디 안 아프니, 무슨 일은 없니?"라고 하는 것이 끝이라고 한다. 우리는 자녀들과 함께 예배하고, 말씀 읽고, 기도하고, 찬송하면서 그들이 꾸고 있는 꿈과 비전을 나눠야 한다. 그리고 그것이 이뤄지기 위해서는 하나님이 도우셔야 한다는 것을 깨닫게 해줘야만 한다. 함께 기도하며, 격려하고, 축복해 주는 그런 부모가 되어야 한다.

코로나 때문에 우리의 삶에는 적잖은 변화가 생겼다. 그중 하나가 가정에서 부모들이 자녀들과 함께 보내는 시간이 많아졌다는 것이다. 이 시간이 우리 부모들이 아이들의 영혼에 신앙적 가치관을 삶을 통하여 나눌 수 있는 너무나 좋은 기회이다. 고난이 주는 유익이요, 축복이다. 부모가 살아야 자식이 산다.

어린이 주일에 먼저 부모 된 나를 돌아볼 수 있다면 은혜이다. 문제 부모와 문제 가정은 있어도 문제아는 없다. 믿음의 가정을 잘 일구어 나가기를 바란다. 양육을 통하여 우리 자녀들이 신앙적 가치관을 갖게 되는 복 중의 복이 모든 자녀에게 함께하시기를 기도한다.

RESET—성경 안으로

베를린 장벽이 세워지기 전, 270만 동독인들이 자유를 찾아 서쪽으로 이동했다. 1954년 수많은 인파가 구름처럼 서쪽으로 이동하는 가운데, 정반대인 동쪽으로, 동쪽으로 떠나가는 한 가족이 있었다. 서독 출신의 '호르스트 카스너' 목사의 가족이었다. 수많은 목회자가 동독에서 서독으로 넘어왔기 때문에 서독에는 목회자가 넘쳐났지만, 동독은 목회자가 없어서 수많은 영혼이 방치되고 있었다.

이러한 때 카스너 목사 가족은 피난 행렬을 역행해 동쪽으로 간 것이다. 카스너 목사는 서독에서 남부럽지 않은 안정된 생활을 하고 있었고, 당시 그에게는 함부르크에서 낳은, 겨우 6주가 된 신생아가 있었다. 이 신생아를 데리고 머나먼 동쪽을 향하여 정한 거처도, 교회도 없는 곳을 향해 간다는 것은 누가 봐도 어리석고 무모한 일이었다. 하지만 하나님 앞에 바른 삶을 고민하던 그는 안락한 생활을 포기하고, 맡은 교회도 없이 동독으로 들어가기로 마음먹었다. '카스너' 목사는 이 길이 하나님 앞에 합당하다고 여겼기에 죽음을 무릅쓰고 고난의 길을 출발했다.

그런데 그 가정에 놀라운 역사가 펼쳐졌다. 당시 아버지의 품에 안겨 공산 치하 동독으로 갔던 6주 된 딸은 아버지의 엄격하고 철저한 신앙생활로 양육 받으며 자랐다. 수학과 언어에 뛰어난 능력이 있었던 그녀는 동독에서 물리학자로 활동했고, 통일 과정에서 정치에 참여하기 시작하여 환경부 장관이 되었다. 2005년 독일 총선에서 총리가 되었고, 2017년까지 4선에도 성공하였다. 소박한 동독의 시골 교회에서 자란 소녀가 통일 독일의 최고 지도자가 되어 유럽의 경제 위기 극복과 전 세계 자본주의 체제의 개혁을 이끌고 있다.

당시 가치나 풍조에 흔들리지 않고 주의 뜻대로 살겠노라고 시대를 역행했던 그 목사의 딸이 바로 앙겔라 메르켈(Angela Merkel) 총리이다. (퍼온 글)

누가 보더라도 힘들고 어렵지만, 주의 뜻대로 살겠노라고 시대를 역행해 가야 할 길을 간 '카스너 목사 가족' 이야기이다. 요즘 우리 모두 코로나 사태로 인해 두려움 가운데 힘든 시기를 겪고 있다. 글을 쓰는 오늘(5월 30일)로 미국 내에서만 사망자가 10만3천 명을 넘어섰다. 6.25 한국전쟁에서 죽은 미군이 총 5만4천 명인데, 2019년 12월 중국 후베이성 우한시에서 시작된 코로나로 인해 미국은 불과 3~4개월 만에 '3년 한국전쟁'의 2배에 가까운 사망자가 나왔다.

인류는 지금 그동안 경험하지 못한 대규모의 새로운 전쟁을 치르고 있는 것이라고 해도 과언이 아니다. 그동안 가장 심했던 뉴욕, 뉴저지 등 동부지역도 이제는 서서히 완만한 하향곡선을 그리고 있다고는 하지만, 그러나 전문가들조차 코로나가 워낙 전파력이 강해 언제 다시 확산이 될지 아무도 장담할 수 없다고 경고한다. 우리는 살다 보면 이런저런 고난과 역경을 많이 겪는다.

이때 우리에게 중요한 것은 고난의 원인을 찾는 'WHY'보다 고난이 주는 유익을 찾아 나아가는 'WHAT'이다. 하나님은 코로나를 통하여 나와 이 세상이 겪는 고통을 같이 아파하신다. 그러면서 그 가운데서 당신이 사랑하는 백성들인 우리와 모인 교회에 주고 싶은 메시지가 있을 것인데, 그것이 무엇인지를 깊이 느끼며 만나는 일이 'WHAT'이다. 세상의 마지막 때에 나타나는 현상들(디모데전서 3:1-5) 가운데 하나인 감사하지 못하는 시대에 살았던 우리는, 거리낌 없이 사람들을 만나 커피를 마시고 함께 식사하고, 부모 형제와 친구의 집도 방문하며 살았던 그동안의 매일매일 평범하고 사소한 일상들이 감사요, 기쁨이요, 행복이었다는 것을 강권적으로라도 깨닫게 된다.

오랜 시간 집에 머무르다 보니 많은 부대낌 가운데 그동안 잊고 살았던 부부, 자녀들과 대화하는 계기가 되어 비록 삐그덕거릴지라도 서로 이해하고 용서하며, 이를 통해 관계가 치료되고 회복되는 시간들을 공유하게 되었다. 직장을 나가지 못하고, 교회에도 모일 수 없어서 가정과 교회의 창고가 점점 비어가는 중에 한 길이 막히면 다른 피할 길이 열리기도 했다.

이 모든 것을 굳이 한마디로 한다면 원래의 모습들을 찾아가는

'RESET'이 아닐까? 전·후, 좌·우를 둘러볼 때 생각할 것도 많지만, 그러나 그럼에도 불구하고 나나 가정이나 교회나, '성경 안으로'라는 리셋버튼을 누르는 것, 절대로 도피가 아니라 성경 안에서 해결책을 찾자는 적극적인 방향성이자 행동이 '리셋'이다. 역설적이지만 코로나 사태 안에서 오히려 우리가 할 일은 성경 안으로 들어가서 나나 가정이나 교회나 이 시대에 말씀으로 말씀하시는 하나님의 메시지를 듣고 하나님 앞에서의 바른 삶을 고민할 일이다.

서독으로의 행렬에서 홀로 동독으로 떠나는 카스너 목사처럼 말이다. 이 길이 우리 모두를 당황케 만들며 무모하고 어리석게 보일지 몰라도, 이 길이 하나님이 기뻐하시는 일이라고 한다면, 하나님께서 특별하신 은혜로 우리 모두를 생명과 구원의 역사로 이끄실 것이다(고전 1:18, 십자가의 도가 멸망하는 자들에게는 미련한 것이요 구원을 받는 우리에게는 하나님의 능력이라). 그리고 채워주시고 공급해 주시는 축복을 체험하게 될 것이다.

코로나와 같이 힘들고 두려운 현실일수록 우리는 성경 안으로 더 깊이 들어가(신 31:8 여호와 그가 네 앞서 행하시며 너와 함께하사 너를 떠나지 아니하시며 버리지 아니하시리니 너는 두려워 말라 놀라지 말라) 나와 가정과 교회를 리셋해야 한다. 하나님이 주목하시는 성서적 신앙으로 돌아갈 수 있는 기회이다. 이때 더 큰 생명과 구원의 역사로 인도하시는 하나님을 믿고 코로나가 주는 두려움에서 자유하기를!

응가 하는 인형

유럽 스페인에는 사람들의 눈길을 끄는 화려한 것들이 많다. 천재 건축가 가우디의 도시 바르셀로나에는 건축을 시작한 지 100년도 넘었지만, 아직도 완성되지 않은 '사그라다 파밀리아' 대성당의 위풍당당한 모습이 있고, 꿈과 동화 같은 알록달록한 색채를 가진 구엘 공원이 있다. 유럽 최고의 명절 중 하나인 크리스마스를 위한 시장도 있는데, 바르셀로나 대성당 앞에서 열리는 산타루치아 마켓은 유럽 전역에서도 알아주는 크리스마스 시장이다.

300개가 넘는 가게로 이루어진 산타루치아 마켓에서는 독특한 모양의 인형을 파는 가게가 있다. 인형의 종류는 종교 지도자, 유명한 가수, 애니메이션 캐릭터 등 아주 다양하다. 그런데 그 인형 모두가 바지를 내리고 쭈그리고 앉아 힘을 주고 있다. 우리가 상상하는 것처럼 가게에서 파는 인형은 모두 응가하고 있는 모습이다. 찰리 채플린, 엘비스 프레슬리, 도라에몽, 호머 심슨 심지어 대통령도 교황도 바지를 내리고 힘을 주고 있다. '까가네'라는 이름의 '응가 하는 인형'은, 사람은 지위가 높으나 낮으나, 권력이 있으나 없으나, 돈이 많으나 적으나 모두 다 볼일을 본다는 것을 상징하는 것이다. 결국 모든 사람이 본질적으로 평등하다는 것을 의미한다. (퍼온 글)

모든 차별 금지를 응가 하는 인형을 통하여 해학스럽게 전하는 지혜가 참 신선하다. 그것도 예수 그리스도의 태어나심을 축하하는 크리스마스 마켓에서 말이다. 세상에는 많은 차별이 존재한다. 인종과 성별의 차별, 지식, 재물, 힘, 권력, 명예 등을 가진 자와 못 가진 자의 차별은 항상 존재해 왔고, 지금도 존재하지만, 앞으로는 존재하지 말아야 한다.

내가 사는 지역에는 흑인들이 많이 산다. 그들 가운데 들어가 혼자 있을 때면, 그들의 선한 눈과 따뜻한 마음을 마주함에도 불구하고 알 수 없는 어색함과 두려움을 느낀다. 몇 년 전에 아프리카 케냐에서 30년 넘게 사역하신 선교사 부부와 함께 잠시 산책하러 나갔다. 그분들이 하시는 말씀이 "여기가 아프리카네요." 하며 스스럼없이 그들에게 다가가 자연스럽게 하나가 되는 모습을 바라보았다. 그리스도 안에서 한 형제자매 됨에 대해 진한 감동을 느꼈다.

근래 미국에서는 인종차별 사건들이 많이 일어난다. 얼마 전 5월 25일, 흑인 조지 플로이드(46)가 경찰 무릎에 목이 눌린 채 숨을 헐떡이는 모습이 담긴 영상이 공개되었다. "I can't breathe."(숨을 쉴 수가 없어요.)라는 절박한 간청에도 아랑곳없이 백인 경찰들은 주머니에 손을 넣은 채, "말을 할 수 있으면 괜찮은 건데…"라는 잔혹한 말을 남기며 그의 목을 무릎으로 계속 짓눌렀다.

8분 46초. "엄마, 엄마"를 외치며 "숨을 쉴 수 없어요"라고 16번이나 간청했는데도, 시민들이 죽을지도 모르니 제발 그만하라고 외쳤는데도, 백인 경찰관 데렉 쇼빈이 무릎으로 희생자 조지 플로이드 목을 누른 시간이다. 그는 그 자리에서 운명했다.

3개월 후인 8월 23일, 위스콘신주에서 발생한 흑인 남성 제이콥 블레이크(29) 사건. 블레이크가 운전석 쪽 차 문을 열고 차량 안쪽으로 고개를 숙였고, 이때 바로 뒤에서 접근한 경찰관이 그의 상의를 손으로 잡아끌며 일곱 차례나 총을 발사했다. 그는 중태에 빠졌다. 더 안타까운 것은 이 장면을 차 안에 타고 있었던 블레이크의 세 아들이 목격한 것으로 전해진다.

앞으로 얼마나 더 제 2의, 제 3의 조지 플로이드와 제이콥 블레이크가 나와야 인종차별이 없어질까? 이 가운데 조지 플로이드의 사망으로 촉발된 미국의 시위 현장에서 백인 소녀가 경찰로부터 흑인 소년을 보호하기 위해 나서는 35초 분량의 영상이 트위터에 공개되었다. 영상은 경찰 앞에 선 흑인 소년이 양손을 들어 보이는 장면으로 시작됐는데, 소년은 자신은 위협을 가할 생각이 없다는 듯 무릎을 꿇었다. 그 순간 군중 틈에서 책가방을 멘 백인 소녀가 등장했고, 그 소녀는 망설임 없이 걸어가 소년의 앞에 섰다.

그리고 백인 소녀는 흑인 소년과 똑같이 양손을 든 채 무릎을 꿇으면서도, 한쪽 팔로는 소년을 보호했다. 경찰 네 명이 거리를 좁혀왔지만, 두려운 기색은 없었다. 경찰이 소녀의 팔을 붙잡고 일으켜 세우려 하자, 소녀는 뒤로 돌아 소년을 감싸 안았다. 백인 소녀는 흑인 소년을 붙잡고 온몸으로 보호했다. 그러자 이들 주변에서도 비슷한 일이 벌어지기 시작했다. 바닥에 엎드린 흑인 두 명 앞으로 백인 4~5명이 장벽처럼 둘러섰다. 다른 백인들도 하나둘씩 합류했다.

하나님을 자유롭게 믿고 싶어서 건너온 청교도들이 세운 이 나라 미국에서 어떻게 모든 차별을 금지하고 공평하고 공의로우신 하나님을 이렇게나 거역하는지 그저 먹먹하기만 하다. 나 개인이 무슨 힘이 있겠는가만은 이 지면을 통해 한 가지 하고 싶은 제안은, 미국에 있는 우리 한인교회들만이라도 자기 지역에 있는 경찰관들에게 '응가하는 인형'의 의미를 설명해 주고 전달하자는 것이다. 인종차별을 금지하는 작은 보탬이 되기를 바라고, 더 이상 이런 일들이 이 땅 미국에서 다시는 발생하지 않기를 기도한다.

OF, FOR, WITH, BY

한 사람이 아침마다 반려견인 개를 데리고 운동을 나왔다. 날마다 개하고 달렸다. 사람들은 그를 향해 말했다.

"저 사람은 개하고 사는 사람이다."

그런데 아무리 열심히 달려도 늘 개한테 지니까 사람들이 뒤에서 수군거렸다.

"저 사람은 개보다도 못 달린다, 개만도 못하네!"

그래서 그 소리가 듣기 싫어서 더 열심히 달려서 드디어 개하고 비슷하게 같이 뛰었다. 그랬더니 사람들은 말했다.

"야, 저 사람은 개만큼은 달리는구나, 개 같구면!"

몇 년 후에 노력해서 개를 이겼더니 사람들은 비로소 말했다.

"저 사람은 개도 이기네, 개보다는 낫네!"

이렇듯 이 사람에게는 평생을 노력해서 얻은 것이 겨우 '개보다 낫다.'라는 평가였다고 한다. (퍼온 글)

그 사람이 무엇과 경주하고 살고 있나를 보면 그 사람이 어디에 가치를 두고 살아가는지가 보인다. 독일의 신학자 프리드리히 고가르텐(Friedrich Gogarten)은 "인생은 네 개의 전치사(of, for, with, by)에 의해 결정된다."라고 말한다. 첫째는 누구에 '의한'(of) 삶이냐, '삶의 주체'에 대한 문제이다. 둘째는 무엇을 '위해'(for) 살 것이냐, '삶의 목적'에 대한 문제이다. 셋째는 누구와 '함께'(with) 하느냐, '관계'의 문제이다. 그리고 마지막은 무엇에 '의해'(by) 사느냐, '삶의 방법'에 대한 문제이다. 이 네 개의 전치사 'of, for, with, by'의 질문에 우리가 어떻게 응답하느냐에 따라 그 사람의 삶의 모습이 드러나게 된다.

지금까지 우리는 그동안 이 네 가지 전치사 'of, for, with, by'에 대해 어떻게 응답하며 여기까지 왔는가? 그리고 2021년에는 어떻게 살려고 하는가? 자본주의 사회는 주로 돈과 경주를 한다. 돈과 경주하는 사람은 욕망이라는 이름의 종점 없는 열차를 따라 달려갈 뿐인 '돈 사람'들이다. 결국 '허무'만이 남을 것이다.

어떤 사람은 권력과 경주를 한다. 그러나 어느 순간인가 권력의 탑에서 추락해 그것이 '허상'임을 깨닫게 된다. 소인은 사람과 경주를 한다. 사람과 경주하면 질투와 시기심의 노예가 되어 점점 자신이 고립되어 고독하게 죽어갈 뿐이다. 사람은 경주의 대상이 아니고 협력의 대상이다. 참사람은 모름지기 '나눔, 평화, 상생, 생명' 등과 같은 참된 가치를 살아가는 사람들이다.

다산 정약용은 18년의 길고 긴 유배 생활을 통해서 어떻게 사는 것이 참되고 가치 있는 삶인지에 대해 진지하고도 정밀하게 숙고하면서 그 결과를 큰아들 학연에게 다음과 같이 남겼다.

"온 세상에서 제대로 살아가려면 두 가지의 큰 기준이 있다. 하나는 '옳고 그름의 기준'이요, 둘째는 '이롭게와 해로움의 기준'이다. 이 두 가지 큰 기준에서 네 단계의 큰 등급이 나온다. 첫 번째는 옳음을 고수하고도 이익을 얻는 삶, 두 번째는 옳음을 고수하고도 해를 입는 삶, 세 번째는 그름을 추종하고도 이익을 얻는 삶, 마지막 네 번째 가장 낮은 단계는 그름을 추종하고도 손해를 당하는 삶이다. 이 가운데 가장 가치 있는 삶은 두 번째 등급인 옳음을 고수하고도 해를 입는 삶이다."

의미 있게 가슴에 담아 본다. 하나님 나라의 정의와 공의를 믿고 흔들리지 않는 믿음의 삶을 살아갈 때, 가치 기준이 다른 세상에서 부대끼며 핍박을 받아 해를 받는 것은 당연한 삶이다. 그러나 "의를 위하여 박해를 받은 자는 복이 있나니 천국이 그들의 것임이라"(마 5:10). 그리고 포기할 수 없는 삶, "내가 진실로 진실로 너희에게 이르노니 한 알의 밀이 땅에 떨어져 죽지 아니하면 한 알 그대로 있고 죽으면 많은 열매를 맺느니라"(요 12:24).

내가 세상을 살면서 이렇게 하나님의 말씀을 끌어안고 몸부림치며 이타적인 삶을 한번 살아보겠다고 굳게 마음먹고(for), 같은 가치,

같은 마음, 같은 영을 갖고 사는 사람들과 더불어 함께 모인 교회에서 (with), 서로가 서로를 붙들어주고 배려하며 격려해 주고 의지하며 살아가는(by), 거기에 하나님의 은혜와 평화 그리고 생명과 축복이 있다는 것을 확신하며 사는 사람들(of)이 바로 크리스천들이다.

이제 코로나 백신접종이 시작되어 한편으론 마음이 놓이지만, 다른 한편으론 변이 바이러스의 확산으로 다시 불안해지기도 한다. 그동안 코로나와 코로나로 인해 침체된 경기 때문에 많은 사람이 고통을 당하며 여기저기에서 깊은 신음소리가 들려온다. 거기에는 나의 소리, 당신의 소리, 우리의 소리가 들어있다.

이 한가운데 서서 살아가자니 우리의 삶의 가치인 신앙에도 많은 회의와 위기가 닥친다. 우리는 이럴 때일수록 나 자신에게 스스로 더욱더 'of, for, with, by'를 물어보며 하나님만을 선명하게 바라볼 때, 하나님의 놀라우신 섭리의 계획이 우리의 인생 안에 나타나고 이뤄지는 성취의 복을 살게 될 것이다. 아무리 힘들고 어렵다지만 그래도 올 한해가 하나님과 주님과 교회 안에서 치유되고 회복되며 열매 맺는 축복된 삶을 그려보는 시간이 되기를 기원한다.

하나님만이 약속이자 대답이시다. 주님만이 생명이시다. 교회가 희망이기 때문이다.

자족(Contentment)이란?

　미국 위스콘신 대학에서 아주 흥미로운 실험을 했다. 먼저 여학생들에게 20세기 초 위스콘신 대학이 있는 밀워키시(市)가 극도로 어려웠던 시절에 선조들의 생활환경을 보여주었다. 다음으로는 학생들에게 자신이 전신화상을 입거나 비극적 사고를 당해서 무서운 흉터가 생겼을 때를 상상하도록 했다. 그리고 상상하는 상황을 글로 묘사하라고 했다.

　그 과정을 거치고 난 뒤 학생들에게 현재 자신의 삶의 만족도를 평가해서 리포트를 제출하라고 했다. 학생들이 제출한 리포트에 따르면 학생들은 그 실험 이후에 자신의 삶을 실험 이전보다 훨씬 더 만족스럽게 느낀다고 평가했다.

　뉴욕 주립대학에서도 비슷한 실험을 했다. 실험대상자들에게 "내가 (　　　　)이 아니라서 기쁘다."라는 괄호 쓰기 문장을 완성하라는 숙제를 냈다.

백수가 아니라서 기쁘다.

죄수가 아니라서 기쁘다.

환자가 아니라서 기쁘다.

고아가 아니라서 기쁘다 등등.

이 과정을 다섯 번 되풀이했다. 그렇게 한 후 실험대상자의 삶의 질을 평가했더니 이전보다 삶에 대한 만족도가 훨씬 좋아졌다. 같은 실험을 다른 대상자들에게도 했다. 이번에는 "내가 (   )이라면 좋을 텐데…"라는 문장을 완성하라고 했다.

가령 백만장자라면 좋을 텐데,

멋진 미인이라면 좋을 텐데,

스트레스나 고난이 없다면 좋을 텐데 등등.

이 같은 일을 다섯 번이나 반복했다. 그런데 이번에는 실험대상자들이 자신의 삶에 대해서 불만을 가지게 되었다.

이처럼 똑같은 상황인데, 어떤 것과 비교하느냐에 따라서 평가가 바뀐다. 바울은 어떠한 형편에든지 자족하기를 배웠노라고 했다. 자족(自足, self-sufficiency)이란 '스스로 넉넉함을 느낌, 스스로 만족하게 여김'이라는 뜻이다. '자족'은 헬라어로 '아우타르케스'라는 말이다. 이 말은 모든 조건에 완전하게 맞출 수 있는 마음이다. 억지로 상황에 힘들게 맞추어가는 것이 아니라, 어떤 상황, 어떤 여건에서든지 완전하게 맞추며 만족할 수 있는 마음을 가리킨다.

자족(contentment)은 현실에 안주하는 무사안일주의(compla-cency)가 아니다. 자족이란 더 잘하려고 하는 마음, 더 나은 것을 원하는 마음이 없는 상태를 의미하는 것이 아니다.

자족이란 어떤 상황에 처하든지 행복하고 감사하는 태도이다. 진정으로 자족하는 사람은 많은 돈을 벌고, 좋은 집을 사고, 좋은 차도 사서 기뻐하기도 하지만, 설사 가진 것이 많이 없고 변변치 못한 직장에서 일을 할지라도 감사한다는 것이다.

진정한 행복이란 보다 훨씬 깊은 내면에서 우러나는 것이기 때문이다. 자족이란 행복이 처한 환경에 의해 좌우되지 않는 상태를 말한다. 자족할 수 있다는 것은 삶에 대한 지향점이 분명할 때 가능하다.

자족하는 삶은 머무르는 것이 아니라 변화하는 삶이다.

자족은 상황에 끌려가는 것이 아니라 주도하는 삶이다.

자족하다는 것은 닥친 일을 수용할 뿐만 아니라, 그것으로 살겠다는 적극적인 표현이다.